Aprendiendo a Resolver Problemas con **C++**

UNIVERSITAS
U
Editorial
Científica
Universitaria
CÓRDOBA

Aprendiendo a Resolver Problemas

con

Rosendo Gil Montero
Profesor Asociado de la Cátedra Introducción a la Informática
Facultad de Ciencias Exactas, Físicas y Naturales - UNC

Editorial Científica Universitaria

UNIVERSITAS
Editorial
Científica
Universitaria
CÓRDOBA

Diseño de Tapa: Jorge G. Sanniento (Universitas)
Autoedición: Jorge G. Sanniento (Universitas)
Producción Gráfica: Universitas. Editorial Científica Universitaria
Pje. España 1467 - Te/Fax: 54-351-4680913-Córdoba-Argentina

ISBN: 978-987-572-019-0

Hecho el depósito que previene la ley 11.723

Introducción

El trabajo está destinado a presentar una serie de problemas a ser resueltos mediante programas de computación, y su solución mediante el uso de diagramas de seudo código y programación en lenguaje C++.

Sigue en grandes líneas el desarrollo didáctico del dictado de la materia y va introduciendo nuevos elementos y paulatina complejidad, para lo cual se lo divide en tres niveles.

Proporciona algoritmos y subalgoritmos de aplicación extendida en programación con el objeto de formar la base de una "Biblioteca" de conocimientos del tema.

Está pensado como una herramienta para aprender a resolver problemas, ya que el estudio de programas construidos adecuadamente está reconocido como un elemento muy importante en el proceso de aprendizaje.

Con referencia a la manera de presentar los problemas, desarrollando el enunciado, el método, eì ambiente y el algoritmo, como así también a la sintaxis del diagrama de seudo código, se sigue el libro "*Introducción a la programación y a las estructuras de datos*" de Silvia L. Braunstein y Alicia B.Gioia.

Los programas se proporcionan por separado siguiendo la misma numeración, en lenguaje C++ usando compilador Turbo C++. Los textos consultados para su elaboración fueron:

- *C++ Problem Solving and Programming* de Kenneth A.Barclay y Brian J.Gordon (Traducción al español de Agustín Schapira para Editorial Universitas, "Programación en C++")

- *C++ Guía para programadores en C* de Sharam Hekmatpour.

Índice

Primera Parte Aprendiendo a resolver Problemas 9

Problem11 de Pmter Nlvel de CompleJld1d 11

1.1. Sumardos rúnel'Os 12

Método 12

1.2. SumerN números 12

Método 12

1.3. leer 1.11a 118rie de números y encontrar el mayor 13

Mélodo 13

1.4. Dados varios numeros encontrar el mayor y el meoor 14

Mélodo 14

1.5. Encontrar el mayor de una l!erie de nOmel'O$ y su nomero de orden en la serie 15

Mélodo 15

1.6. Obtener el promedio de una :ierie de rúnenJIJ 16

Mélodo 16

1 7. Leer N, entero y positivo y calcular la sumatoria de los primeros n números naturales 18

Mélodo 18

1.8. Leer una serie de números enteros y sumar1ue. Determinar si el cuadrado de la suma oc par o impar 18

Método 18

1.9. Leer una serie de coordenadas del plano y determinar ron respecto a la figura cuyos vérli08S son los puntos (2,1}, (4,1) y (4,3} si 8011 interioras, perimétricos o exteriores 19

Método 20

1.10. Calcular el factorial de un numero natural N 21

Método 21

1.11. Entre una serie de pares de números intercámbielos, y muei,tre sus valoras ab9olulos 22

Mélodo 22

Problemas de Segundo Nivel de Complejidad 25

2.1. Leer una serie de valol'83 de venlém y sumarlos divididos en 4 categorías segun sean: 25

Mélodo 26

2.2. Calcular el factorial de un número natural N, usando un esquema de rllpebción para-hacsr-fin para.... 27

Mélodo 27

2.3. Leer y almacenar en un vec!Of los nílmeros (8 dlgítos) de N alumnos 28

Mélodo 28

2.4. Leer, fila por fila, una matriz de M x N elemenlns dados ordenadamente 28

Mélodo 28

2.5. Sumar dos matrices de 4 x 3 elementos... 29

Mélodo 29

2,6. Dada üña matnz ruidradá dé ófi.ltn N; iiaoor cüi'o íos tiementos de ia díagonal prropal

Método 30

2.7. Dada una malnz cUQdrada de ·orden N, imprimir el Ol'den de los elementos de la diagonal pnnc1pal que sean cero 31

Método 31

2.8. Leer una matriz A(6,6) y calcular la turna de los elementos de la O.Jarta fila. 32

Método 32

2.9. Leer una matriz de M x N elementos dados en la foona: fila, columna, elemento y poner en un vector la suma de k1$ elementos de las mlumnas a>ne!pOl'ldienles. 34

Mélodo 34

2.10. Leer una ma1riz A(6,8). Determinar cuantos elementos positivos tiene y que posición ocupa el mayor de ellos. Si hay varios iguales al mayor, indicar las posiciones de todos. 35

Método 35

2.11. Leer un vector A(N) e imprimir el que se obbane eliminando sus elementos nulos 37

Método 37

2.12. Ordenaren fonna creciente un vector real A de N elementos 38

Método 38

2.13. Encontrar por búsqueda binaria un elemento K del arreglo ordenado A de N elementos 41

Método 41

Problemas de Tercer Nivel de Complejidad 43

3.1. Implementar una clase para el manejo de números complejos con funciones para sumar, multiplicar, dividir e imprimir. Completar con un programa de prueba. 43
Representación 43
Método 43
Método 44
Método 44
Método 45

3.2. Implementar una clase para el manejo de conjuntos de números enteros con funciones para definir un conjunto vacío, determinar si el argumento es miembro de un conjunto, agregar y remover elementos, imprimirlo y encontrar la intersección y unión de dos conjuntos. Completar con un programa de prueba. 46
Representación 46
Método 46
Método 47
Método 48
Método 49
Método 49

3.3. Leer y almacenar en un vector los nombres (25 caracteres) de N alumnos 51
Método 51

3.4. Listar el número y nombre de los alumnos que tengan no menos del 80% de asistencia en 10 clases. Se entran los datos desde un archivo TEXT que tiene registros que contienen: 52
Método 52

3.5. Leer de un archivo secuencial de datos: nombre, edad y sexo. Escribir en otro archivo. Leerlo e imprimir los datos de los varones mayores de 20 años. 54
Método 54

3.6. Dados los arreglos A y B, ordenados, combinarlos produciendo el C. (Problema de intercalación) 55
Método 55

3.7. Resolver el problema de intercalación (3.6) usando archivos en lugar de vectores y aplicando funciones. 57
Método 57

3.8. Dada una serie de valores, calcular su mediana. 59
Método 59

3.9. Se da un archivo de alumnos que contiene: Número de legajo, sexo codificado 1=femenino y 2=masculino y nota. Clasificar por sexo y nota en tres grupos según sea ésta menor que 4, entre 4 y menor que 7, 7 o mas. Indicar cuantos hay por clase y los promedios por sexo. 61
Método 61

3.10. Leer N renglones conteniendo número - nombre - edad y construir una lista encadenada usando punteros. 63
Método 63

3.11. Leer un archivo de datos conteniendo número, nombre, edad. Construir una lista encadenada usando punteros y recorrerla imprimiendo los mayores de una edad dada. 64
Método 64

Segunda Parte Codificación 67

Programación en Lenguaje C++ Primer Nivel 69

Programación en Lenguaje C++ Segundo Nivel 77

Programación en Lenguaje C++ Tercer Nivel 87

Primera Parte
Aprendiendo a resolver Problemas

1

Problemas de Primer Nivel de Complejidad

Uso de estructuras simples:

```
Arranque       comenzar
                    . . . . .
Parada         fin

Repetición     repetir        (hacer hasta que - DO UNTIL)
                    . . . . .
               hasta que condición

Repetición     mientras condición hacer      (hacer mientras
                    . . . . .                 - DO WHILE)
                    [salir]   (interrumpe el ciclo y sale)
                    . . . . .
                    [volver]  (interrumpe y recomienza)
                    . . . . .
               fin mientras

Decisión       si condición
               entonces
                    . . . . .
               [sino
                    . . . . .]
               finsi

Asignación     V <- E         (V variable, E expresión)

Entrada        leer variables

Salida         escribir variables
```

1.1 Enunciado: Sumar dos números.

Método

Se leen los dos números como sendas variables, se suman asignando la suma a una tercera variable. Se escribe el resultado.

Ambiente	Variable	Descripción
	A	Primer número
	B	Segundo número
	SUMA	Suma de ambos

```
Algoritmo "Suma de dos números"
comenzar
leer A,B
SUMA <- A + B
escribir SUMA
fin
```

1.2 Enunciado: Sumar N números.

Método

Se usa un contador para verificar que se lea la cantidad indicada de números.

La suma se hace aplicando la propiedad asociativa, incorporando el nuevo número a la suma parcial existente.

Se usa una estructura de repetición del tipo **repetir.. hasta que...**, dentro de la cual se lee un número y se incrementan el contador y la suma.

Previamente se inicializan el contador y la suma, asignándole los valores adecuados para ejecutar el primer ciclo; y se lee la cantidad de números.

Procesados todos los números, se escribe el resultado.

Ambiente	Variable	Descripción
	N	Cantidad de números
	NUM	Número, su valor irá variando según se lean los diferentes números
	I	Contador, varía desde 0, cuando no se ha leído ningún número hasta N
	SUMA	Suma parcial/total, varía desde 0,cuando no se ha sumado ningún número hasta el valor de la suma total

```
Algoritmo "Sumar N números"
comenzar
I <- 0
SUMA <- 0
leer N
repetir
   leer NUM
   I <- I + 1
   SUMA <- SUMA + N
hasta que I = N                (cond)
escribir SUMA
fin
```

Seguimiento

Entrada	NUM	I	SUMA	N	cond	Salida
		0	0			
4		0	0	4		
25	25	1	25	4	F	
8	8	2	33	4	F	
-15	-15	3	18	4	F	
16	16	4	34	4	V	34

1.3 Enunciado: Leer una serie de números y encontrar el mayor.

Método

Como no se conoce la cantidad de números a leer, se usa en la entrada una "tarjeta" con una cantidad determinada y que no se pueda dar en la serie para indicar que se han leído todos los números.

Se compara cada número con el mayor hasta el momento, si es mayor, se reemplaza por ese valor.

Al final de la serie en ese lugar de almacenamiento estará el mayor de todos.

Se usa una estructura de repetición del tipo **hacer mientras** el número leído no sea igual al de la "tarjeta" de finalización, dentro de la cual se procesa un número y lee el siguiente.

Previamente se lee el primer número, necesariamente, para poder hacer lá comparación del comienzo del ciclo; y se le asigna ese valor como inicial al mayor.

Procesados todos los números, se escribe el resultado.

Ambiente

Variable	Descripción
NUM	Número, su valor irá variando según se lean los diferentes números
MAYOR	Mayor hasta el momento, varía de un valor inicial dado hasta el mayor de la serie.

```
Algoritmo        "Mayor de una serie"
comenzar
```

```
leer NUM
MAYOR <- NUM
mientras NUM <> 9999 hacer      (cond1)
   si NUM > MAYOR               (cond2)
   entonces
      MAYOR <- NUM
   finsi
   leer NUM
fin mientras
escribir MAYOR
fin
```

Seguimiento	Entrada	NUM	cond1	cond2	MAYOR	Salida
	25	25	V	F	25	
	8	8	V	F	25	
	-15	-15	V	F	25	
	36	36	V	V	36	
	9999	9999	F			36

1.4 Enunciado: Dados varios números encontrar el mayor y el menor.

Método

Se usa el mismo esquema del problema 1.3 para procesar una serie de números cuya cantidad no se conoce previamente y el mismo tipo de ciclo para procesar y leer.

Previamente se lee el primer número, y se le asigna ese valor como inicial al mayor y al menor.

Se compara cada número con el mayor hasta el momento, si es mayor, se reemplaza por ese valor; si no, se compara con el menor hasta el momento y si es menor, se reemplaza.

Al final de la serie en los correspondientes lugares de almacenamiento estarán el mayor y el menor de todos.

Procesados todos los números, se escribe el resultado.

Ambiente	Variable	Descripción
	NUM	Número, su valor irá variando según se lean los diferentes números
	MAYOR	Mayor hasta el momento, varía de un valor inicial dado hasta el mayor de la serie.
	MENOR	Menor hasta el momento, varía de un valor inicial dado hasta el menor de la serie.

```
Algoritmo          "Mayor y menor de varios números"
comenzar
leer NUM
MAYOR <- NUM
MENOR <- NUM
```

```
mientras NUM <> 9999 hacer      (cond1)
   si NUM > MAYOR               (cond2)
   entonces
      MAYOR <- NUM
   si no
     si NUM < MENOR             (cond3)
     entonces
        MENOR <- NUM
     finsi
   finsi
   leer NUM
fin mientras
escribir MAYOR,MENOR
fin
```

Seguimiento

Entrada	NUM	cond1	cond2	cond3	MAYOR	MENOR	Salida
25	25	V	F	F	25	25	
8	8	V	F	V	25	8	
-15	-15	V	F	V	25	-15	
36	36	V	V		36		
9999	9999	F					36 -15

1.5 Enunciado: Encontrar el mayor de una serie de números y su número de orden en la serie.

Método

Se usa el mismo esquema del problema 1.3 para procesar una serie de números cuya cantidado se conoce previamente y el mismo tipo de ciclo para procesar y leer.

Previamente se lee el primer número, y se le asigna ese valor como inicial al mayor. Se inicializan también el contador y el número de orden.

Se compara cada número con el mayor hasta el momento, si es mayor, se reemplaza por ese valor y se asigna al número de orden el valor del contador, que es el orden del número procesado.

Después de leer el número siguiente, se incrementa el contador en 1, manteniendo así su orden en la serie.

Al final de la serie en los correspondientes lugares de almacenamiento estará el mayor y su orden.

Notar que el contador va llevando el número de orden del número procesado y que el orden del mayor, que se guarda cada vez que cambia éste, debe ser otra variable.

Procesados todos los números, se escribe el resultado.

Ambiente Variable Descripción

NUM	Número, su valor irá variando según se lean los diferentes números
MAYOR	Mayor hasta el momento, varía de un valor inicial dado hasta el mayor de la serie.
I	Contador, que lleva el orden del número en la serie y varía desde 1, cuando se ha leído el primer número hasta la totalidad de tarjetas leídas.
NUMORD	Orden del mayor hasta el momento. Cuando se termina, es el orden del mayor.

```
Algoritmo          "Mayor de una serie de números y su número de orden en la serie"
comenzar
leer NUM
I <- 1
MAYOR <- NUM
NUMORD <- I
mientras NUM <> 9999 hacer     (cond1)
   si NUM > MAYOR              (cond2)
   entonces
      MAYOR <- NUM
      NUMORD <- I
   finsi
   leer NUM
   I <- I+1
fin mientras
escribir MAYOR,NUMORD
fin
```

Seguimiento

Entrada	NUM	cond1	cond2	MAYOR	I	NUMORD	Salida
25	25	V	F	25	1	1	
8	8	V	F	25	2	1	
-15	-15	V	F	25	3	1	
36	36	V	V	36	4	4	
9999	9999	F			5		36 4

1.6 Enunciado: Obtener el promedio de una serie de números.

Método

Se usa el mismo esquema del problema 1.3 para procesar una serie de números cuya cantidad no se conoce previamente y un ciclo infinito para procesar y leer. Para finalizar el ciclo y eliminar antes de su uso la tarjeta falsa se usa salir.

Para calcular el promedio se necesita la suma total y la cantidad de números. La suma se hace aplicando la propiedad asociativa incorporando el nuevo número a la suma parcial existente. La cantidad de números es el valor del contador que agrega 1 cuando se ingresa un nuevo número.

Comparar con el problema anterior la forma de inicializar e incrementar el contador. Hay que tratar de mantener sincronizado el valor del contador con la cantidad que representa.

Procesados todos los números, se obtiene el promedio y se escribe el resultado.

Ambiente

Variable	Descripción
NUM	Número, su valor irá variando según se lean los diferentes números.
I	Contador, varía desde 0, cuando no se ha leído ningún número hasta el total de números válidos.
SUMA	Suma parcial/total, varía desde 0, cuando no se ha sumado ningún número hasta el valor de la suma total.
PROM	Promedio, cociente de SUMA e I.

```
Algoritmo          "Promedio de una serie de números"
comenzar
I <- 0
SUMA <- 0
mientras sea verdad hacer      (siempre verdadero)
   leer NUM
   si NUM = 9999               (cond1)
   entonces
      salir
   finsi
   I <- I+1
   SUMA <- SUMA+NUM
fin mientras
PROM <- SUMA/I
escribir PROM
fin
```

Seguimiento

Entrada	NUM	cond1	I	SUMA	PROM	Salida
			0	0		
25	25	F	1	25		
8	8	F	2	33		
-15	-15	F	3	18		
36	36	F	4	54		
9999	9999	V			13.5	13.50

1.7 Enunciado: Leer N, entero y positivo y calcular la sumatoria de los primeros n números naturales.

Método

La sumatoria pedida es: 1+2+3+...+N y se puede resolver generando dentro de un ciclo de repetición, el sumando, una unidad mayor que el anterior y agregándolo luego a la suma.

Previamente se lee el número N y se inicializan el sumando, que se tratará como un contador y la suma.

Finalmente se escriben los resultados.

Ambiente

Variable	Descripción
N	Número hasta el cual se calcula la sumatoria.
I	Sumando, como contador, varía desde 0, cuando todavía no se ha generado ninguno, hasta N.
SUMA	Sumatoria, varía desde 0, cuando no se ha sumado ningún número hasta que se le suma N.

```
Algoritmo        "Sumatoria de los primeros N números"
comenzar
I <- 0
SUMA <- 0
leer N
repetir
   I <- I+1
   SUMA <- SUMA+I
hasta que I = N          (cond)
escribir N,SUMA
fin
```

Seguimiento

Entrada	N	I	SUMA	cond	Salida
		0	0		
6	6				
		1	1	F	
		2	3	F	
		3	6	F	
		4	10	F	
		5	15	F	
		6	21	V	6 21

1.8 Enunciado: Leer una serie de números enteros y sumarlos. Determinar si el cuadrado de la suma es par o impar.

Método

Se usa el mismo esquema da problemas anteriores para sumar una serie de números.

Terminado el ciclo, se calcula el cuadrado y para verificar la paridad, se aplica el operador resto de división entera (% en C++). Si dividido por 2, el resto es cero: es par.

La paridad se escribe al final con un letrero.

Ambiente	Variable	Descripción
	NUM	Número, su valor irá variando según se lean los diferentes números
	SUMA	Suma parcial/total, varía desde 0, cuando no se ha sumado ningún número hasta el valor de la suma total.
	CUADR	Cuadrado de la suma.

```
Algoritmo          "Cuadrado de una suma y paridad"
comenzar
SUMA <- 0
mientras sea verdad hacer     (siempre verdadero)
   leer NUM
   si NUM = 9999              (cond1)
   entonces
      salir
   finsi
   SUMA <- SUMA+NUM
fin mientras
CUADR <- SUMA*SUMA
si CUADR % 2 = 0              (cond2)
entonces
   escribir CUADR,' es par'
sino
   escribir CUADR,' es impar'
finsi
fin
```

Seguimiento

Entrada	NUM	cond1	SUMA	CUADR	cond2	Salida
			0			
25	25	F	25			
8	8	F	33			
-15	-15	F	18			
36	36	F	54			
9999	9999	V		2916	V	2916 es par

1.9 **Enunciado**: *Leer una serie de coordenadas del plano y determinar con respecto a la figura cuyos vértices son los puntos (2,1), (4,1) y (4,3) si son interiores, perimétricos o exteriores.*

4 -

o

```
3    -                x (4,3)
     o              o o
2    -            o   o
     o  (2,1)  o      o
1    -       x o o o x (4,1)
     o
0    + o | o | o | o | o | o

     0   1   2   3   4   5
```

Método

Se establecen los criterios de pertenencia respecto a los semiplanos determinados por cada par de puntos:

```
no pertenecen a la figura si:
Puntos     1-2         2-3        3-4
        y > x-1 o   x > 4   o   y < 1
eliminados éstos, pertenecen a los lados si:
        y = x-1 o   x = 4   o   y = 1
eliminados éstos, son interiores.
```

Se establece un ciclo, de manera similar a los problemas anteriores en el que se entra y analiza cada par de puntos. Cada entrada es ahora de dos valores.

Por tratarse de coordenadas, se trabaja con números reales.

NOTA:

Recordamos que los coeficientes de la recta determinada por dos puntos, de la cual se pueden plantear los criterios de pertenencia, se deducen del sistema:

$$y_1 = a.x_1 + b$$

$$y_2 = a.x_2 + b$$

Ambiente	Variable	Descripción
	X,Y	Coordenadas de los puntos.

```
Algoritmo          "Posición de puntos respecto a figura"
comenzar
mientras sea verdad hacer      (siempre verdadero)
   leer X,Y
   si X = 9999                 (cond1)
   entonces
      salir
   finsi
   si Y>X-1 o X>4 o Y<1              (cond2)
```

```
        entonces
           escribir X,Y,' es exterior'
        sino
           si Y=X-1 o X=4 o Y=1          (cond3)
           entonces
              escribir X,Y,' es perimétrico'
           sino
              escribir X,Y,' es interior'
           finsi
        finsi
     fin mientras
     fin
```

Seguimiento

Entrada	X	Y	cond1	cond2	cond3	Salida
2.18 3.15	2.18	3.15	F	V|F|F=V		2.18 3.15 E
3.06 1.65	3.06	1.65	F	F|F|F=F	F|F|F=F	3.06 1.65 I
4.55 1.03	4.65	1.03	F	F|V|F=V		4.55 1.03 E
1.63 1.00	1.63	1.00	F	V|F|F=V		1.63 1.00 E
4.00 1.55	4.00	1.55	F	F|F|F=F	F|V|F=V	4.00 1.55 P
9999 0	9999	0	V			

1.10 Enunciado: Calcular el factorial de un número natural N.

Método

Se usa el mismo esquema del problema 1.7, salvo que donde se hablaba de sumandos ahora son factores y la que era sumatoria ahora es factorial.

Ambiente	Variable	Descripción
	N	Número hasta el cual se calcula el factorial.
	I	Factor, como contador, varía desde 0, cuando todavía no se ha generado ninguno, hasta N.
	FACT	Factorial, varía desde 1,cuando no se ha multiplicado por ningún número hasta que se lo multiplica por N.

```
Algoritmo          "Factorial de N"
comenzar
I <- 0
FACT <- 1
leer N
repetir
   I <- I+1
   FACT <- FACT*I
hasta que I = N          (cond)
escribir N,FACT
```

```
fin
```

Seguimiento

Entrada	N	I	FACT	cond	Salida
		0	0		
6	6				
		1	1	F	
		2	2	F	
		3	6	F	
		4	24	F	
		5	120	F	
		6	720	V	6 720

1.11 Enunciado: Entre una serie de pares de números intercámbielos, y muestre sus valores absolutos.

Método

Se hace un ciclo que termina cuando se entra 9999, en el que se lee un par de números, se intercambian usando la función INTER, se calculan sus valores absolutos usando la VALA y se imprimen.

La función INTER usa una posición de memoria para almacenar temporariamente el primer valor, en la posición del primero se almacena el valor del segundo y en la de éste el valor original del primero que se almacenó temporariamente.

La función VALA devuelve el mismo valor si el número es positivo o nulo y con el signo mas (multiplicando por menos uno) si es negativo.

Ambiente	Variable	Descripción
	X,Y	Par de números.

```
Algoritmo          "Intercambio y valor absoluto"
comenzar
mientras sea verdad hacer      (siempre verdadero)
   leer X,Y
   si X = 9999              (cond)
   entonces
      salir
   finsi
   INTER(X,Y)
   escribir X,Y,VALA(X),VALA(Y)
fin mientras
fin

Función "INTER(X,Y)"
comenzar
AUX  <- X
X    <- Y
Y    <- AUX
fin
```

```
Función "VALA(A)"
comenzar
si A < 0
entonces
   VALOR <- -1*A
sino
   VALOR <- A
finsi
retornar VALOR
fin
```

Seguimiento	X	Y	cond	VALA(X)	VALA(Y)
PPAL	-4.2	0	F		
INTER	0	-4.2		0	4.2
PPAL	7.5	8.1	F		
INTER	8.1	7.5		8.1	7.5
PPAL	-12	-0.3	F		
INTER	-0.3	-12		0.3	12
PPAL	9999	0	V		

2

Problemas de Segundo Nivel de Complejidad

Se agregan las estructuras:

```
Decisión múltiple   según E hacer
                         e1: acción1
                         e2: acción2
                         . . . . . . .
                         eN: acciónN
                    [de otro modo
                         acciónB]
                    fin según

Repetición        para V desde VI hasta VF [con paso P] hacer
                    acción1                (para-hacer-fin para
                    acción2                - FOR-NEXT)
                    . . . . .
                    acción1N
                  fin para
```

2.1 ***Enunciado:*** ***Leer una serie de valores de ventas y sumarlos divididos en 4 categorías según sean:***

```
menores de 1000
entre 1000 y 2000
entre 2000 y 3000
de 3000 y mayores.
```

Método

Para la entrada de datos se usa un esquema de repetición usando un valor negativo o cero para indicar el fin de datos, ya que los valores entrados deben ser mayores que cero.

La distribución por categorías se efectúa sumando cada valor a la sumatoria parcial de la categoría correspondiente.

Para analizar cada dato es adecuado usar un esquema de decisión múltiple, preferible a IF en cadena, ya que son cuatro las opciones. Particularmente aquí se facilita porque el valor de la variable que indica la acción a tomar se obtiene con una operación matemática.

Se usa la función TRUNC para obtener la parte entera de un valor real.

Ambiente	Variable	Descripción
	V	Valor de venta
	I	Variable para la decisión múltiple
	V1 V2 V3 V4	Totales de ventas en 4 categorías

```
Algoritmo "Distribución de valores por categorías"
    comenzar
    V1 <- 0
    V2 <- 0
    V3 <- 0
    V4 <- 0
    mientras sea verdad hacer       (siempre verdadero)
       leer V
       si V <= 0                    (cond1)
       entonces
          salir
       finsi
       I <- trunc(V/1000) + 1      {se pierde la parte decimal}
       si V > 4    {para valores de 4000 o mas}        (cond2)
       entonces    {observar que por la entrada no puede}
          I <- 4   {haber valores de I < 1 y por la cond2}
       finsi       {no puede ser I > 4}
       según I hacer
          1: V1 <- V1 + V
          2: V2 <- V2 + V
          3: V3 <- V3 + V
          4: V4 <- V4 + V
       fin según
       leer V
    fin mientras
    escribir V1,V2,V3,V4
    fin

    Seguimiento
```

Entrada	V	cond1	I	cond2	I	V1	V2	V3	V4	Salida
						0	0	0	0	
854	854	V	1	F	1	854	0	0	0	
2361	2361	V	3	F	3	854	0	2361	0	
1120	1120	V	2	F	2	854	1120	2361	0	
4200	4200	V	5	V	4	854	1120	2361	4200	
590	590	V	1	F	1	1444	1120	2361	4200	
3530	3530	V	4	F	4	1444	1120	2361	7730	
0	0	F								(las Vn)

2.2 Enunciado: Calcular el factorial de un número natural N, usando un esquema de repetición para-hacer-fin para.

Método

Se usa un ciclo de repetición para-hacer-fi para, donde la variable de control es el factor.

Ambiente	Variable	Descripción
	N	Número hasta el cual se calcula el factorial.
	I	Variable de control del ciclo, usadas asimismo como factor.
	FACT	Factorial, varía desde 1, cuando no se ha multiplicado por ningún número hasta que se lo multiplica por N.

```
Algoritmo "Factorial de N"
    comenzar
    FACT <- 1
    leer N
    para I desde 1 hasta N hacer
       FACT <- FACT*I
    fin para
    escribir N,FACT
    fin
```

Seguimiento

Entrada	N	I	FACT	Salida
6	6		1	
		1	1	
		2	2	
		3	6	
		4	24	
		5	120	
		6	720	6 720

2.3 Enunciado: Leer y almacenar en un vector los números (8 dígitos) de N alumnos.

Método

Se usa un ciclo de repetición para-hacer-fin para dentro del cual se leen y almacenan en el correspondiente elemento del vector los N números. La variable de control se usa como índice del vector.

Ambiente

Variable	Descripción
N	Número de números a leer.
I	Variable de control del ciclo, usada asimismo como índice del vector.
NUMALU	Vector que almacena los números.

```
Algoritmo "Leer números y almacenar en vector"
comenzar
leer N
para I desde 1 hasta N hacer
   leer NUMALU[I]
fin para
. . . . .
fin
```

Seguimiento

Entrada	N	I	NUMALU(I)
5	5		
92006201		1	92006201
87002435		2	87002435
91005492		3	91005492
92004712		4	92004712
92004823		5	92004823

2.4 Enunciado: Leer, fila por fila, una matriz de M x N elementos dados ordenadamente.

Método

Se usan dos ciclos de repetición para-hacer-fin para, dentro del cual se leen y almacenan en los correspondientes elementos de la matriz los valores, los cuales deben presentarse ordenados por fila y columna en la entrada. Las variables de control de los ciclos servirán como índices de fila y columna de la matriz.

Ambiente

Variable	Descripción
M,N	Cantidad de filas y columnas.
I,J	Variables de control de los ciclos, usadas asimismo como índices de fila y columna de la matriz.
A	Matriz real.

```
Algoritmo "Leer fila por fila una matriz real"
```

```
comenzar
leer M,N
para I desde 1 hasta M hacer
   para J desde 1 hasta N hacer
      leer A[I,J]
   fin para
fin para
. . . . .
fin
```

Matriz a leer:

$$\begin{vmatrix} 12.3 & 6.5 \\ -27.0 & 22.8 \\ 4.2 & -9.6 \end{vmatrix}$$

Seguimiento

Entrada	M	N	I	J	A[I,J]
3 2	3	2			
12.3			1	1	12.3
6.5			1	2	6.5
-27.0			2	1	-27.0
22.8			2	2	22.8
4.2			3	1	4.2
-9.6			3	2	-9.6

2.5 Enunciado: Sumar dos matrices de 4 x 3 elementos.

Método

Se leen y almacenan las matrices datos de la manera que se vio en el ejercicio 2.4.

El procesamiento se efectúa recorriendo la matriz suma con dos ciclos anidados, el exterior para las filas y para cada una de éstas uno para las columnas. Cada elemento se obtiene por la suma de los de igual fila y columna de los sumandos.

Como salida se imprime la matriz suma.

Cuando se trabaja con matrices y vectores, que en general requieren una entrada importante de datos, conviene separar netamente las fases de entrada de datos, procesamiento y salida.

Ambiente

Variable	Descripción
I,J	Variables de control de los ciclos, usadas asimismo como índices de fila y columna de las matrices.
A,B,C	Matrices datos y suma.

```
Algoritmo "Suma de matrices"
comenzar
leer A        {matriz, no se desarrolla el procedimiento}
```

```
leer B          {matriz, no se desarrolla el procedimiento}
para I desde 1 hasta 4 hacer
   para J desde 1 hasta 3 hacer
      C[I,J] <- A[I,J] + B[I,J]
   fin para
fin para
escribir B      {matriz, no se desarrolla el procedimiento}
fin
```

Matrices a leer:

$$\begin{vmatrix} 5.1 & 3.5 & -0.4 \\ -2.3 & 7.8 & 4.5 \\ 2.0 & -9.1 & 3.0 \\ 4.1 & 7.9 & -0.2 \end{vmatrix} \qquad \begin{vmatrix} -3.2 & 6.1 & -1.3 \\ 0.9 & 7.9 & -4.2 \\ 7.4 & -5.5 & 5.4 \\ -6.1 & 7.3 & 3.8 \end{vmatrix}$$

```
Seguimiento    Entrada        I  J      A       B      C[I,J]
            5.1  3.5 -0.4            fila 1
           -2.3  7.8  4.5            fila 2
            2.0 -9.1  3.0            fila 3
            4.1  7.9 -0.2            fila 4
           -3.2  6.1 -1.3                    fila 1
            0.9  7.9 -4.2                    fila 2
            7.4 -5.5  5.4                    fila 3
           -6.1  7.3  3.8                    fila 4
                              1  1                      1.9
                              1  2                      9.6
                              .  .                      . .
                              4  3                      3.6
                      Salida
            1.90       9.60     -1.70
           -1.40      15.70      0.30
            9.40     -14.60      8.40
           -2.00      15.20      3.60
```

2.6 **Enunciado**: Dada una matriz cuadrada de orden N, hacer cero los elementos de la diagonal principal.

Método

Se lee y almacena la matriz.

Se recorre con un ciclo la diagonal principal, almacenando cero en sus componentes. En la diagonal principal los índices de fila y columna son iguales.

Se imprime la matriz resultante.

Ambiente	Variable	Descripción
	N	Cantidad de filas y columnas.
	I,J	Variables de control de los ciclos, usadas asimismo como índices de fila y columna de la matriz.
	A	Matriz real.

```
Algoritmo "Hacer 0 la diagonal principal"
comenzar
leer N
leer A        {matriz, no se desarrolla el procedimiento}
para I desde 1 hasta N hacer
   A[I,I] <- 0
fin para
escribir A    {matriz, no se desarrolla el procedimiento}
fin
```

Matriz a leer:

$$\begin{vmatrix} 12.3 & 6.5 & -3.2 \\ -27.0 & 22.8 & 12.0 \\ 4.2 & -9.6 & 3.7 \end{vmatrix}$$

Seguimiento	Entrada	N	I	A	A[I,I]
	3	3			
	12.3 6.5 -3.2			fila 1	
	-27 22.8 12			fila 2	
	4.2 -9.6 3.7			fila 3	
			1		0.00
			2		0.00
			3		0.00

Salida

0.00	6.50	-3.20
-27.00	0.00	12.00
4.20	-9.60	0.00

2.7 ***Enunciado*: Dada una matriz cuadrada de orden N, imprimir el orden de los elementos de la diagonal principal que sean cero.**

Método

Se lee y almacena la matriz.

Se recorre con un ciclo la diagonal principal, si el elemento es cero, se imprime la variable de control del ciclo, que es el orden del elemento.

Ambiente	Variable	Descripción
	N	Cantidad de filas y columnas.
	I,J	Variables de control de los ciclos, usadas asimismo como índices de fila y columna de la matriz.
	A	Matriz real.

```
Algoritmo "Imprimir orden de elementos nulos de  diagonal
              principal"
   comenzar
   leer N
   leer A          {matriz, no se desarrolla el procedimiento}
   para I desde 1 hasta N hacer
      si A[I,I] = 0
      entonces
         escribir I
      finsi
   fin para
   fin
```

Matriz a leer:

$$\begin{vmatrix} 0.0 & 6.5 & -3.2 \\ -27.0 & 22.8 & 12.0 \\ 4.2 & -9.6 & 0.0 \end{vmatrix}$$

Seguimiento	Entrada	N	I	A	cond	Salida
	3	3				
	0 6.5 -3.2			fila 1		
	-27 22.8 12			fila 2		
	4.2 -9.6 0			fila 3		
			1		V	1
			2		F	
			3		V	3

2.8 *Enunciado: Leer una matriz A(6,6) y calcular la suma de los elementos de la cuarta fila.*

Método

Se lee y almacena la matriz.

Se inicializa a cero una variable SUMA y se recorre con un ciclo la cuarta fila, acumulando en SUMA los valores de sus elementos.

Se imprime el resultado.

Ambiente	Variable	Descripción

I,J	Variables de control de los ciclos, usadas asimismo como índices de fila y columna de la matriz.
A	Matriz real de orden 6.
SUMA	Cantidad de filas y columnas.

```
Algoritmo "Imprimir suma de elementos de la cuarta fila"
comenzar
leer A          {matriz, no se desarrolla el procedimiento}
SUMA <- 0
para J desde 1 hasta 6 hacer
   SUMA <- SUMA + A[4,J]
fin para
escribir SUMA
fin
```

Matriz a leer:

$$\begin{vmatrix} 12 & 6 & -3 & 0 & 7 & 2 \\ -2 & -5 & 17 & 19 & -6 & 0 \\ 14 & 18 & -3 & -12 & 5 & 1 \\ -8 & 15 & 10 & 9 & -8 & 11 \\ 11 & -7 & 7 & 2 & 17 & 3 \\ 0 & 12 & 21 & -9 & 1 & 6 \end{vmatrix}$$

Seguimiento

Entrada	A	J	SUMA	Salida
			0	
12 6 -3 0 7 2	fila 1			
-2 -5 17 19 -6 0	fila 2			
14 18 -3 -12 5 1	fila 3			
-8 15 10 9 -8 11	fila 4			
11 -7 7 2 17 3	fila 5			
0 12 21 -9 1 6	fila 6			
		1	-8	
		2	7	
		3	17	
		4	26	
		5	18	
		6	29	29

2.9 Enunciado: Leer una matriz de M x N elementos dados en la forma: fila, columna, elemento y poner en un vector la suma de los elementos de las columnas correspondientes.

Método

Se lee la cantidad de filas y columnas.

Hay que leer M x N renglones que tienen: fila y columna y el valor del elemento, que se puede almacenar como variable subindicada, ya que al hacerse la lectura de izquierda a derecha, al leer y almacenar el tercer valor, ya se conocen los dos anteriores.

Se recorren con un ciclo las columnas, y para cada una de ellas, se inicializa a cero el elemento correspondiente del vector. Se recorren las filas adicionando los valores a ese elemento.

Se imprime el vector.

Ambiente	Variable	Descripción
	M,N	Cantidad de filas y columnas.
	I,J	Fila y columna al leer la entrada.
	K,I,J	Variables de control de los ciclos, algunas usadas también como índices.
	A	Matriz real.
	V	Vector real, de N elementos, cada uno de los cuales guardará la suma de elementos de la columna correspondiente de la matriz.

```
Algoritmo  "Suma de elementos de columnas"
    comenzar
    leer M,N
    para K desde 1 hasta M * N hacer
       leer I,J,A[I,J]
    fin para
    para J desde 1 hasta N hacer
       V[J] <- 0
       para I desde 1 hasta M hacer
          V[J] <- V[J] + A[I,J]
       fin para
    fin para
    escribir V      {vector, no se desarrolla el procedimiento}
    fin
```

Seguimiento

Entrada	M	N	K	I	J	A[I,J]	V[J]	Salida
3 2	3	2						
1 1 4.5			1	1	1	4.5		
1 2 -2			2	1	2	-2		
2 1 5			3	2	1	5		
2 2 7			4	2	2	7		

```
3 1 9        5  3  1    9
3 2 6.3      6  3  2   6.3
                   1          0
                1            4.5
                2            2.5
                3           18.5
                   2          0
                1            -2
                2             5
                3           11.3   18.50  11.30
```

2.10 Enunciado: Leer una matriz A(6,8). Determinar cuántos elementos positivos tiene y que posición ocupa el mayor de ellos. Si hay varios iguales al mayor, indicar las posiciones de todos.

Método

Se lee la matriz.

Se almacenarán en sendos vectores los números de fila y columna de los elementos iguales al mayor. Esos vectores tendrán tantos componentes como la cantidad de iguales al mayor.

Se inicializan en 0 la cantidad de elementos positivos y el mayor.

Se recorre con dos ciclos anidados la matriz. Si el elemento considerado es positivo:

> Se agrega 1 al contador de elementos positivos.
>
> Se verifica si es mayor o igual que el MAYOR.
>
> > Si es así y es mayor se almacena su valor en el MAYOR y se inicializa en uno el contador de iguales al mayor; si es igual se incrementa en 1 dicho contador.
> >
> > Se almacenan los valores de fila y columna en los vectores correspondientes.

Se imprime el vector.

Ambiente	Variable	Descripción
	A	Matriz real.
	N	Cantidad de elementos positivos.
	MAY	Mayor de los elementos.
	I,J	Variables de control de los ciclos.
	FIL	Vector con las filas de iguales al mayor
	COL	Vector con las columnas idem.
	K	Cantidad de elementos iguales al mayor.

```
Algoritmo  "Matriz 6x8. Positivos: cantidad, mayores."
comenzar
leer A     {matriz 6x8}
```

```
MAY <- 0   {se inicializa en 0 porque son positivos}
N <- 0
para I desde 1 hasta 6 hacer
   para J desde 1 hasta 8 hacer
      si A[I,J] > 0    {es positivo}              (cond1)
      entonces
         N <- N + 1
         si A[I,J] >= MAY                         (cond2)
         entonces
            si A[I,J] > MAY  {nuevo mayor}        (cond3)
            entonces
               MAY <- A[I,J]
               K <- 1
            si no           {igual al mayor}
               K <- K + 1
            finsi
            FIL[K] <- I         {guarda la fila}
            COL[K] <- J         {y la columna}
         finsi
      finsi
   fin para
fin para
si N = 0          {no hay positivos}              (cond4)
entonces
   escribir ' No hay elementos positivos.'
si no             {resultados}
   escribir MAY,N
   para I desde 1 hasta K hacer
      escribir FIL[I],COL[I]
   fin para
finsi
fin
```

Matriz a leer:

12	6	-3	0	7	2	-20	-5
-2	-5	17	19	-6	0	19	21
14	18	-3	-12	5	1	-3	0
-8	15	10	9	-8	21	-25	13
11	-7	7	2	17	3	12	-7
0	12	21	-9	1	6	-1	3

Seguimiento

Entrada	I	J	A[I,J]	cond1	N	cond2	cond3	MAY	K	FIL[K]	COL[K]
matriz A			matriz		0			0			
	1	1	12	V	1	V	V	12	1	1	1
	1	2	6	V	2	F					

```
        1 3   -3     F
        1 4    0     F
        1 5    7     V   3   F
        1 6    2     V   4   F
        1 7  -20     F
        1 8   -5     F
        2 1   -2     F
        2 2   -5     F
        2 3   17     V   5   V     V   17  1    2        3
        2 4   19     V   6   V     V   19  1    2        4
        2 5   -6     F
        2 6    0     F
        2 7   19     V   7   V     F       2    2        7
        2 8   21     V   8   V     V   21  1    2        8
        3 1   14     V   9   F
        . .    .     .   .   .
        4 6   21     V  16   V     F       2    4        6
        . .    .     .   .   .
        6 3   21     V  25   V     F       3    6        3
        . .    .     .   .   .
        6 8    3     V  28   F
Salida              Cond4 N           MAY  I  FIL[I]  COL[I]
                     F  28            21   1    2        8
                                           2    4        6
                                           3    6        3
```

2.11 <u>Enunciado:</u> Leer un vector A(N) e imprimir el que se obtiene eliminando sus elementos nulos.

Método

Se lee la cantidad de elementos y el vector.

Se recorre con un ciclo el vector. Si el elemento considerado no es nulo, se lo almacena en el siguiente elemento de otro vector resultado.

El índice del segundo vector se lleva con un contador.

Se imprime el vector resultado.

Ambiente	Variable	Descripción
	N	Cantidad de elementos del vector.
	A	Vector dato.
	B	Vector resultado.
	I	Variable de control del ciclo.

K	Contador para recorrer B. Su valor final es el total de elementos.

```
Algoritmo "Eliminar ceros de vector"
    comenzar
    leer N
    leer A              {vector}
    K <- 0
    para I desde 1 hasta N hacer
       si A[I] <> 0                      (cond1)
       entonces
          K <- K + 1
          B[K] <- A[I]
       finsi
    fin para
    escribir B      {vector, no se desarrolla el procedimiento}
    fin
    Vector a leer:

          |0  6.5  -3.2  0  7  -5.1  -12|

    Seguimiento     Entrada            N  I  A[I] cond1 K B[K]
                        8              8                0
          0 6.5 -3.2 0 7 -5.1 0 -12       vector
                                          1    0    F
                                          2  6.5    V   1  6.5
                                          3 -3.2    V   2 -3.2
                                          4    0    F
                                          5    7    V   3    7
                                          6 -5.1    V   4 -5.1
                                          7    0    F
                                          8  -12    V   5  -12
                  Salida
    6.50   -3.20    7.00    -5.10  -12.00
```

2.12 Enunciado: Ordenar en forma creciente un vector real A de N elementos.

Método

En el programa principal, se leen los datos, se llama a la rutina de ordenamiento usando como parámetros el vector y su cantidad de elementos y se escribe el vector ordenado.

Ambiente	Variable	Descripción
	N	Cantidad de elementos del vector.
	A	Vector dato.
	ORDEN(N,A)	Función para ordenar

```
Algoritmo  "Ordenar un vector real"
comenzar
leer N
leer A                {vector}
ORDEN(N,A)            {Procedimiento para ordenar}
escribir A      {vector, no se desarrolla el procedimiento}
fin
```

La función ORDEN ordena el vector pasado como parámetro y usa a su vez otra función para el intercambio de elementos.

Para ordenar se usa el método de la burbuja, según Braunstein y Gioia.

Comenzando por la izquierda, se compara cada elemento con el que le sigue y si está desordenados, se intercambian. Al llegar al último elemento, se asegura que en la última posición está el elemento mayor.

Si no hubo cambios, el arreglo está ordenado y se termina.

Si los hubo, se repite el procedimiento, pero solo hasta el último lugar de cambio y así sucesivamente.

Ambiente	Variable	Descripción
	N	Cantidad de elementos. (Param.).
	A	Vector. (Param.).
	FINAL	Indica el último a ordenar.
	I	Variable de control del ciclo.
	INTER()	Función para intercambio.
	K	Indice del último intercambio.

```
Función "ORDEN(N,A)"
comenzar
FINAL <- N
repetir
   K <- 0
   para I desde 1 hasta FINAL-1 hacer
      si A[I] > A[I+1]                 (cond1)
      entonces
         INTER(A[I],A[I+1])
         K <- I
      finsi
   fin para
   FINAL <- K
hasta que K = 0
fin
```

La función INTER intercambia los dos elementos del vector pasados como parámetros. Deben pasarse por referencia y no por valor para que se intercambien realmente.

Para intercambiar dos elementos se usa una tercera variable donde se almacena el primero, se carga el primero con el valor del segundo y luego el segundo con el de la tercera, que contenía el valor del primero.

Ambiente	Variable	Descripción
	X,Y	Elementos a intercambiar.(Param.)
	AUX	Auxiliar para guardar.

```
Función "INTER(X,Y)"
comenzar
AUX  <- X
X    <- Y
Y    <- AUX
fin
```

Vector a leer:

|0 6.5 -3.2 0 -5.1 0 -12|

```
Seguimiento
PPAL Entrada N              A[1] A[2] A[3] A[4] A[5] A[6] A[7] A[8]
        8    8
     vector                  0    6.5 -3.2  0    7   -5.1  0   -12
ORDEN FINAL I cond1 K       (Parámetros.. X .. Y)
        8           0
            1   F
            2   V   2             6.5 -3.2
INTER                            -3.2  6.5
ORDEN       3   V   3                  6.5  0
INTER                                  0    6.5
ORDEN       4   F
            5   V   5                            7   -5.1
INTER                                           -5.1  7
ORDEN       6   V   6                                 7    0
INTER                                                 0    7
ORDEN       7   V   7                                      7   -12
INTER                                                    -12    7
ORDEN   7   1   V   1        0   -3.2
INTER                       -3.2  0
ORDEN       2   F
            3   F
            4   V   4                       6.5 -5.1
INTER                                      -5.1  6.5
ORDEN       5   V   5                            6.5  0
INTER                                            0    6.5
ORDEN       6   V   6                                 6.5 -12
```

```
INTER                                                   -12    6.5
ORDEN   6   1   F   0
            2   F
            3   V   3                  0   -5.1
INTER                                 -5.1  0
ORDEN       4   F
            5   V   5                                0   -12
INTER                                               -12   0
ORDEN   5   1   F   0
            2   V   2             0   -5.1
INTER                            -5.1  0
ORDEN       3   F
            4   V   4                           0   -12
INTER                                          -12   0
ORDEN   4   1   V   1       -3.2 -5.1
INTER                       -5.1 -3.2
ORDEN       2   F
            3   V   3                  0   -12
INTER                                 -12   0
ORDEN   3   1   F   0
            2   V   2            -3.2 -12
INTER                            -12  -3.2
ORDEN   2   1   V   1       -5.1 -12
INTER                       -12  -5.1
ORDEN   1  Sale del ciclo REPETIR
           Devuelve A → -12  -5.1 -3.2  0    0    0    6.5   7
PPAL
Salida-> -12.00  -5.10  -3.20   0.00   0.00   0.00   6.50   7.00
```

2.13 Enunciado: Encontrar por búsqueda binaria un elemento K del arreglo ordenado A de N elementos.

Método

- Se lee la cantidad de elementos, el valor del elemento a buscar y el vector.
- Se examina el valor del punto medio del arreglo.
- Si el buscado es igual, termina la búsqueda.
- Si es mayor, está en la segunda mitad. Si es menor a la inversa.
- Se continúa la búsqueda hasta que se encuentra o, si no existiera, el intervalo es nulo.
- Se imprime el resultado.

Ambiente

Variable	Descripción
N	Cantidad de elementos del vector.
A	Vector dato.
K	Elemento a buscar.
MIN	Indice del extremo izquierdo.

```
MAX          Indice del extremo derecho.
MEDIO        Parte entera de (MIN+MAX)/2.
```

```
Algoritmo "Búsqueda binaria en vector ordenado"
comenzar
leer N,K
leer A                  {vector ya ordenado}
MIN <- 1
MAX <- N
repetir
   MEDIO <- TRUNC((MAX+MIN)/2)
   si K < A[MEDIO]                      (cond1)
   entonces
      MAX <- MEDIO-1   {el punto en MEDIO no es, corre 1}
   si no
      MIN <- MEDIO+1   {el punto en MEDIO puede ser, pero
                        se testea al final en cond2      }
   finsi
hasta que K = A[MEDIO] o MIN > MAX       (cond2)
si K = A[MEDIO]                          (cond3)
entonces
   escribir 'El valor es el elemento ',MEDIO
si no
   escribir 'El valor no se encuentra'
finsi
fin
```

Vector a leer:

|-12 -5 -3 0 4 7 9 10|

```
Seguimiento 1
Entrada   N  K   MEDIO A[MEDIO]  cond1 MIN MAX cond2 cond3
  8 9     8  9
vector                                 1   8
                   4      0        F   5       F|F=F
                   6      7        F   7       F|F=F
                   7      9        F   8       V|F=V    V
Salida:  Elemento 7

Seguimiento 2
Entrada   N  K   MEDIO A[MEDIO]  cond1 MIN MAX cond2 cond3
  8 8     8  8
vector                                 1   8
                   4      0        F   5       F|F=F
                   6      7        F   7       F|F=F
                   7      9        V       6   F|V=V    F
Salida:  No se encuentra
```

3

Problemas de Tercer Nivel de Complejidad

Se introducen Clases, estructuras de datos tipo REGISTRO, archivos y punteros.

3.1 *Enunciado:* Implementar una clase para el manejo de números complejos con funciones para sumar, multiplicar, dividir e imprimir. Completar con un programa de prueba.

Representación

Por ser los números complejos un par de valores reales, que son su parte real y el coeficiente de la imaginaria, los representamos por dos variables reales.

Ambiente	Variable	Descripción de la Representación
	REAL	Parte real del complejo.
	IMAG	Coeficiente imaginario.

Funciones de la clase

Ambiente	Variable	Descripción función COMPLEJO
	REAL	Parte real de la representación.
	IMAG	Coeficiente imaginario idem.
	PREAL	Parte real del complejo a inicializar.
	PIMAG	Coeficiente imaginario idem.

Método

Asigna los dos parámetros de llamada a la parte real y coeficiente de la parte imaginaria.

```
Función "COMPLEJO(PREAL,PIMAG)"  Constructor, inicializa.
comenzar
REAL <- PREAL
IMAG <- PIMAG
fin
```

Ambiente	Variable	Descripción función CPLSUMA
	REAL	Parte real de la representación.
	IMAG	Coeficiente imaginario idem.

	CPL1	Sumandos.
	CPL2	

Método

Se asigna a la parte real de la suma, la suma de las partes reales de los sumandos, lo mismo para la parte imaginaria. Se adopta para el caso la nomenclatura de C++ OBJETO->COMPONENTE, en que OBJETO es puntero a objeto (nombre de un objeto de la clase). En el caso que se usan los nombres de los componentes solamente, el objeto a que pertenecen es el que llama a la función, que funciona como argumento implícito.

Notar como se diseña la función, que se llama desde el programa: CPSUM. CPLSUMA (CPL1,CPL2) y funciona como: CPSUM = CPL1 + CPL2.

```
Función "CPLSUMA(CPL1,CPL2)" Suma de complejos.
comenzar
REAL <- CPL1->REAL + CPL2->REAL
IMAG <- CPL1->IMAG + CPL2->IMAG
fin
```

Ambiente	Variable	Descripción	función CPLPROD
	REAL	Parte real de la representación.	
	IMAG	Coeficiente imaginario idem.	
	CPL1	Complejo multiplicando.	
	CPL2	Complejo multiplicador.	

Método

Similar a la anterior, reemplazando suma por producto. La fórmula es: (a+bi) (A+Bi) = (aA-bB) + (aB+bA)i.

```
Función "CPLPROD(CPL1,CPL2)" Producto de complejos.
comenzar
REAL <- CPL1->REAL*CPL2->REAL - CPL1->IMAG*CPL2->IMAG
IMAG <- CPL1->REAL*CPL2->IMAG + CPL1->IMAG*CPL2->REAL
fin
```

Ambiente	Variable	Descripción	función CPLCOCI
	REAL	Parte real de la representación.	
	IMAG	Coeficiente imaginario idem.	
	CPL1	Complejo dividendo.	
	CPL2	Complejo divisor.	

Método

Similar a la suma, reemplazando suma por cociente: (a+bi)/(A+Bi) = (aA+bB)/d + ((bA-aB)/d)i, d = A**2 + B**2

```
Función "CPLCOCI(CPL2,CPLP)" Cociente de complejos.
comenzar
DENOM <- CPL2->REAL**2 + CPL2->IMAG**2
REAL <- (CPL1->REAL*CPL2->REAL + CPL1->IMAG*CPL2->IMAG)/DENOM
IMAG <- (CPL1->IMAG*CPL2->REAL - CPL1->REAL*CPL2->IMAG)/DENOM
fin
```

Ambiente	Variable	Descripción	función IMPRIME
	REAL	Parte real de la representación.	
	IMAG	Coeficiente imaginario idem.	

```
Función "IMPRIME()" Imprime un complejo.
comenzar
escribir REAL
si IMAG < 0
entonces
   escribir " - ",-IMAG," i\n"
sino
   escribir " + ",IMAG," i\n"
finsi
fin
Algoritmo "Prueba de la clase COMPLEJO"
comenzar
declarar e inicializar CPRES con 0, 0
declarar e inicializar CPL1  con 2.3, 5.5
escribir "complejo 1 = ",CPL1
declarar e inicializar CPL2  con 4.8, -1.9
escribir "complejo 2 = ",CPL2
CPRES.CPLSUMA(CPL1,CPl2)   (se pasan parámetros por refer.)
escribir "Suma = ",CPRES
CPRES.CPLPROD(CPL1,CPL2)   (se pasan parámetros por refer.)
escribir "Producto = ",CPRES
CPRES.CPLCOCI(CPL1,CPL2)   (se pasan parámetros por refer.)
escribir "Cociente = ",CPRES
fin
```

Seguimiento	CPRES		CPL1		CPL2	
	REAL	IMAG	REAL	IMAG	REAL	IMAG
	0	0	2.3	5.5	4.8	-1.9
Suma	7.1	3.6				
Producto	21.49	22.03				
Cociente	0.022139	1.154597				

Salida complejo 1 = 2.3 + 5.5 i

```
complejo 2 = 4.8 - 1.9 i
suma = 7.1 + 3.6 i
producto = 21.49 + 22.03 i
cociente = 0.022139 + 1.154597 i
```

3.2 Enunciado: Implementar una clase para el manejo de conjuntos de números enteros con funciones para definir un conjunto vacío, determinar si el argumento es miembro de un conjunto, agregar y remover elementos, imprimirlo y encontrar la intersección y unión de dos conjuntos. Completar con un programa de prueba.

Representación

Lo haremos mediante un vector entero, en que cada elemento es uno de los del conjunto y un valor entero que es la cardinalidad (cantidad de elementos) del mismo.

```
Ambiente    Variable     Descripción    de la Representación
            ELEMS[]      Elemento del conjunto.
            CARD         Cardinalidad.
            Constante
            MAXIMO       Cantidad máxima posible de elementos.
```

```
Funciones de la clase
Ambiente  Variable  Descripción          función VACIO
          ELEMS[]   Elemento del conjunto.
            CARD    Cardinalidad.

Función "VACIO()"   Define un conjunto vacío.
comenzar
CARD <- 0
fin
```

```
Ambiente    Variable     Descripción          función MIEMBRO
            ELEMS[]      Elemento del conjunto.
            CARD         Cardinalidad.
            ELEM         Número que se quiere verificar si es miembro.
            I            Variable de control del ciclo.
```

Método

Se recorre dentro de un ciclo los elementos del conjunto. Cada uno se compara con el número a verificar, si es igual se retorna VERDAD que índica que pertenece. Si se ha recorrido todo sin resultado, se devuelve FALSO.

```
Función "MIEMBRO(ELEM)"     Verifica si ELEM es miembro.
comenzar
para I desde 0 hasta <CARD hacer
```

```
    si ELEMS[I] = ELEM
    entonces
       retornar VERDAD
    finsi
fin para
retornar FALSO
fin
```

Ambiente

Variable	Descripción función AGRELEM
ELEMS[]	Elemento del conjunto.
CARD	Cardinalidad.
ELEM	Número que se quiere agregar como elemento.
I	Variable de control del ciclo.

Método

Se recorren dentro de un ciclo los elementos del conjunto. Cada uno se compara con el número a agregar, si es igual no lo agrega y se retorna VERDAD, que indica que la operación se efectuó bien. Si CARD es menor que el máximo de elementos admisible, se aumenta en uno y agrega ELEM como último elemento retornando VERDAD. Caso contrario no se puede agregar y se retorna FALSO.

```
Función "AGRELEM(ELEM)"     Agrega ELEM al conjunto
comenzar
para I desde 0 hasta <CARD hacer
    si ELEMS[I] = ELEM
    entonces
       retornar VERDAD
    finsi
fin para
si CARD < MAXIMO
entonces
    ELEMS[CARD] <- ELEM
    CARD <- CARD + 1
    retornar VERDAD
sino
    retornar FALSO
finsi
fin
```

Ambiente

Variable	Descripción función RMVELEM
ELEMS[]	Elemento del conjunto.
CARD	Cardinalidad.
ELEM	Número que se quiere remover del conjunto.
I	Variable de control del ciclo.

Método

Se recorren dentro de un ciclo los elementos del conjunto. Cada uno se compara con el número a agregar y si es igual se la elimina: se continúa el ciclo de allí en adelante almacenando en el elemento I el I+1 y disminuyendo al final la cardinalidad en 1.

```
Función "RMVELEM(ELEM)"     Remueve ELEM del conjunto
    comenzar
    para I desde 0 hasta <CARD hacer
       si ELEMS[I] = ELEM
       entonces
          para I desde I hasta <CARD-1 hacer
             ELEMS[I] = ELEMS[I+1]
          fin para
          CARD = CARD - 1
       finsi
    fin para
    fin
```

Ambiente	Variable	Descripción	función IMPRIME
	ELEMS[]	Elemento del conjunto.	
	CARD	Cardinalidad.	
	I	Variable de control del ciclo.	

```
Función "IMPRIME()" Imprime un conjunto.
comenzar
escribir "{"
para I desde 0 hasta <CARD-1 hacer
   escribir ELEMS[I], ","    (salvo el último, se separan
fin para                      con coma)
si CARD > 0
entonces
    escribir ELEMS[CARD-1]
finsi
escribir "}\n"
fin
```

Ambiente	Variable	Descripción	función INTERSEC
	ELEMS[]	Elemento del conjunto.	
	CARD	Cardinalidad.	
	C1	Conjuntos a intersecar.	
	C2		
	I	Variables de control del ciclo.	
	J		

Método

Se recorre dentro de un ciclo los elementos del primer conjunto. Para cada uno se compara dentro de un segundo ciclo con cada elemento del segundo conjunto. Si son iguales se aumenta en 1 la cardinalidad de la intersección y se almacena en número. El conjunto intersección es el que llama la función y debe ser inicialmente vacío.

```
Función "INTERSEC(C1,C2)" Construye la intersección de dos
                        conjuntos.
comenzar
para I desde 0 hasta <C1->CARD hacer
   para J desde 0 hasta <C2->CARD hacer
      si C1->ELEMS[I] = C2->ELEMS[J]
      entonces
         ELEMS[CARD] = C1->ELEMS[I]
         CARD = CARD + 1
         salir
      finsi
   fin para
fin para
fin
```

Ambiente	Variable	Descripción	función UNION
	ELEMS[]	Elemento del conjunto.	
	CARD	Cardinalidad.	
	C1	Conjuntos a unir	
	C2		
	I	Variables de control del ciclo.	
	J		
	HAY	Variable lógica	

Método

Se recorre dentro de un ciclo los elementos del primer conjunto, poniéndolos en el de llamada: en cada paso se incrementa su cardinalidad. Se recorre el segundo conjunto, dentro de ese ciclo se inicializa HAY como FALSO y se abre un segundo ciclo para el primer conjunto. Se comparan los elementos de ambos, si son iguales no corresponde ponerlos: se almacena VERDAD en HAY y se sale del ciclo. Si HAY es falso y la cardinalidad no excederá el máximo, se pone en el de llamada aumentando la cardinalidad.

```
Función "UNION(C1,C2)" Construye la unión de dos conjuntos.
comenzar
para I desde 0 hasta <C1->CARD hacer
   ELEMS[CARD] = C1->ELEMS[I]
   CARD = CARD + 1
```

```
    fin para
    para J desde 0 hasta <C2->CARD hacer
       HAY <- FALSO
       para I desde 0 hasta <C1->CARD hacer
          si C2->ELEMS[J] = C1->ELEMS[I]
          entonces
             HAY = VERDAD
             salir
          finsi
       fin para
       si NO HAY
       entonces
          si CARD = MAXIMO
          entonces
             retornar FALSO
          sino
             ELEMS[CARD] = C2->ELEMS[J]
             CARD = CARD + 1
          finsi
       finsi
    fin para
    retornar VERDAD
    fin

Algoritmo "Prueba de la clase CONJUNTO"
    comenzar
    declarar C1, C2, C3 como de la clase CONJUNTO
    C1.VACIO()
    C1.AGRELEM(10)
    C1.AGRELEM(20)
    C1.AGRELEM(30)
    C1.AGRELEM(40)
    C2.VACIO()
    C2.AGRELEM(30)
    C2.AGRELEM(50)
    C2.AGRELEM(10)
    C2.AGRELEM(60)
    C3.VACIO()
    escribir "c1 = ",C1,"c2 = ", C2
    C2.RMVELEM(50)
    escribir "c2 - {50} = ",C2
    escribir "es 50 miembro de c2? = "
    si C2.MIEMBRO(50)
    entonces
       escribir "SI"
    sino
       escribir "NO"
```

```
finsi
C3.INTERSEC(C1,C2)          (se pasan parámetros por refer.)
escribir "c1 inters c2 = ",C3
C3.VACIO()
C3.UNION(C1,C2)             (se pasan parámetros por refer.)
escribir "c1 union c2 = ",C3
fin

Salida    c1 = {10,20,30,40}
          c2 = {30,50,10,60}
          c2 - {50} = {30,10,60}
          es 50 miembro de c2? = NO
          c1 inters c2 = {10,30}
          c1 union c2 = {10,20,30,40,60}
```

3.3 ***Enunciado:*** *Leer y almacenar en un vector los nombres (25 caracteres) de N alumnos.*

Método

Se usa un ciclo de repetición para-hacer-fin para dentro del cual se leen y almacenan en el correspondiente elemento del vector los N nombres. La variable de control se usa como índice del vector.

Ambiente	Variable	Descripción
	N	Número de nombres a leer.
	I	Variable de control del ciclo, usada asimismo como índice del vector.
	NOMBRE	Vector cuyos elementos de 25 caracteres almacenan los nombres.

```
Algoritmo "Leer nombres y almacenar en vector"
    comenzar
    leer N
    para I desde 1 hasta N hacer
       leer NOMBRE[I]
    fin para
    . . . . .
    fin

    Seguimiento    Entrada  N  I  NOMBRE(I)
                      5     5
                   Nombre1     1  Nombre1
                   Nombre2     2  Nombre2
                   Nombre3     3  Nombre3
                   Nombre4     4  Nombre4
                   Nombre5     5  Nombre5
```

3.4 Enunciado: Listar el número y nombre de los alumnos que tengan no menos del 80% de asistencia en 10 clases. Se entran los datos desde un archivo TEXT que tiene registros que contienen:

Número de alumno	8 car.
Nombre	30 car.
Carrera	3 car.
Grupo	3 car.
Presentismo	12 car.(P o -)

Método

Se abre el archivo de datos para entrada. Dentro de un ciclo de repetición mientras no sea EOÆ (fin de archivo) se leen los campos de un registro y se procesan.

El procesamiento consiste en contar las 'P' que contienen los primeros 10 caracteres del presentismo. Si hay 8 o mas (80% de 10), se imprime el número y nombre del alumno.

Ambiente

Variable	Descripción	
CLASE	Registro con datos de un alumno.	
NUMALU	Número de alumno	(campo de CLASE)
NOMBRE	Nombre	(campo de CLASE)
CARRERA	Carrera	(campo de CLASE)
GRUPOO	Grupo	(campo de CLASE)
PRESEN	Serie de 'P'(presente) o '-'	(campo)
PRS	Contador de 'P'.	
J	Variable de control del ciclo.	
ASIST	Archivo tipo TEXT.	

```
Algoritmo  "Listar asistencia"
comenzar
abrir ASIST para entrada
mientras sea verdad hacer      (siempre verdadero)
   leer de ASIST CLASE
   si es EOF(ASIST)            (cond1)
   entonces
      salir
   finsi
   PRS <- 0
   para J desde 1 hasta 10 hacer
      si CLASE.PRESEN[J] = 'P'          (cond2)
      entonces
```

```
          PRS <- PRS+1
        finsi
      fin para
      si PRS >= 8                        (cond3)
      entonces
        escribir CLASE.NUMALU,' ',CLASE.NOMBRE
      finsi
    fin mientras
    fin
```

Archivo de entrada

```
89200098ACOSTA CORONEL, CARLOS       IME231PPPP--PPP--P
89202966ADAMOLI, DIEGO               IME237PPPPP---PPPP
90201352AGGERO, FLAVIO GUSTAVO       IME231-PPPPPPP-P
88200175ALVAREZ, ANGEL               IME231PPPPPPP-P-P
89202449ANTONELLI, MARCOS            IME231PPPPPPPPPPP
```

Seguimiento

```
Entrada cond1 J cond2 PRS cond3 Salida
          V
Reg.1                  0
              1   V    1
              .   .    .
             10   F    7    F
          V
Reg.2                  0
              1   V    1
              .   .    .
             10   V    7    F
          V
Reg.3                  0
              1   F    0
              .   .    .
             10   V    8    V   90201352 AGGERO, FLAVIO GUST
          V
Reg.4                  0
              1   V    1
              .   .    .
             10   F    8    V   88200175 ALVAREZ, ANGEL
          V
Reg.5                  0
              1   V    1
              .   .    .
             10   V   10    V   89202449 ANTONELLI, MARCOS
          F
```

3.5 Enunciado: Leer de un archivo secuencial de datos: nombre, edad y sexo. Escribir en otro archivo. Leerlo e imprimir los datos de los varones mayores de 20 años.

Método

Se abre el archivo de datos para entrada y el otro para salida. Dentro de un ciclo de repetición mientras no sea EOF del archivo de entrada, se leen los datos, se arma un registro con ellos y se escribe en el archivo de salida.

Se abre el archivo de salida, que acabamos de formar, para entrada. Dentro de un ciclo de repetición mientras no sea EOF se lee un registro y se procesa.

El procesamiento consiste en imprimir los datos (nombre, edad y sexo) de aquellos cuyo sexo sea masculino y edad mayor de 20 años.

Ambiente

Variable	Descripción	
RENGLON	Registro con datos de una persona.	
NOMBRE	Nombre	(campo de RENGLON)
EDAD	Edad	(campo de RENGLON)
SEXO	Sexo	(campo de RENGLON)
NOMB	Nombre.	
EDAA	Edad.	
SEXI	Sexo (string).	
SEXW	Sexo (definida por programador).	
ENTRA	Archivo tipo TEXT de entrada.	
SALE	Archivo tipo TEXT de salida.	

```
Algoritmo "Lectura y escritura de archivos"
comenzar
abrir ENTRA para entrada
abrir SALE para salida
mientras sea verdad hacer      (siempre verdadero)
   leer de ENTRA NOMBRE,EDAD,SEXO
   si es EOF(ENTRA)            (cond1)
   entonces
      salir
   finsi
   arma RENGLON
   escribe en SALE RENGLON
fin mientras
abrir SALE para entrada
mientras sea verdad hacer      (siempre verdadero)
   leer de SALE RENGLON
   si es EOF(SALE)             (cond2)
   entonces
```

```
      salir
   finsi
   si RENGLON.SEXO=masc y RENGLON.EDAD>20    (cond3)
   entonces
      escribir RENGLON.NOMBRE,RENGLON.EDAD,RENGLON.SEXO
   finsi
fin mientras
fin
```

```
Archivo de entrada

Perez, Juan Carlos        10 masc
Molina, Juana             32 fem
Mastronardi, Ricardo      43 masc
Levene, Julio             35 masc
Salinas, Alicia           18 fem
```

```
Seguimiento
Entrada cond1 cond2 cond3 Salida
          V
Entra1                    Sale1
          V
Entra2                    Sale2
          V
Entra3                    Sale3
          V
Entra4                    Sale4
          V
Entra5                    Sale5
          F     V
Sale1               V|F=F
                V
Sale2               F|V=F
                V
Sale3               V|V=V Mastronardi, Ricardo      43 masc
                V
Sale4               V|V=V Levene, Julio             35 masc
                V
Sale5               F|F=F
                F
```

3.6 <u>Enunciado:</u> Dados los arreglos A y B, ordenados, combinarlos produciendo el C. (Problema de intercalación).

Método

Se recorren en forma paralela los dos arreglos.

Se comparan los elementos vigentes de ambos, poniendo el menor en el tercer arreglo.

Se reitera hasta llegar al final de cualquiera de los arreglos. Entonces se traslada el remanente del otro al C.

Ambiente	Variable	Descripción
	A,B	Vectores ordenados.
	C	Vector resultante de los anteriores.
	M,N	Cantidad de elementos de A y B.
	I,J	Indices para el manejo de A y B.
	K	Indice para el manejo de C.
	L	Indice auxiliar.

```
Algoritmo "Intercalación en arreglos"
comenzar
leer M,N
leer A              {vector}
leer B              {vector}
I <- 1              {Se inicializa el índice de A}
J <- 1              {Se inicializa el índice de B}
K <- 0              {Se inicializa el índice de C}
mientras I<=M y J<=N hacer   (cond1)
   k <- K+1
   si A[I] < B[J]                   (cond2)
   entonces
      C[K] <- A[I]
      I <- I+1       {Se mueve al siguiente elemento de A}
   sino
      C[K] <- B[J]
      J <- J+1       {Se mueve al siguiente elemento de B}
   finsi
fin mientras        {Uno de los arreglos se termina}
si I > M            {Se termina el arreglo A}  (cond3)
entonces
   para L desde J hasta N hacer
      K <- K+1
      C[K] <- B[L]   {Se carga en C el resto de B}
   fin para
   sino
   para L desde J hasta M hacer
      K <- K+1
      C[K] <- A[L]   {Se carga en C el resto de A}
   fin para
finsi
escribir C
```

```
fin
```

Vectores a leer:

A |12 234 508 932|

B |35 92 135 349 402|

Seguimiento

Entrada	M	N	cond1	L	A[I]	B[J]	cond2	K	C[K]	I	J	cond3
4 5	4	5						0		1	1	
vect.A												
vect.B												
			V|V=V		12	35	V	1	12	2		
			V|V=V		234		F	2	35		2	
			V|V=V			92	F	3	92		3	
			V|V=V			135	F	4	135		4	
			V|V=V			349	V	5	234	3		
			V|V=V		508		F	6	349		5	
			V|V=V			402	F	7	402		6	
			V|F=F									F
				3	508			8	508			
				4	932			9	932			

Salida-> 12 35 92 135 234 349 402 508 932

3.7 Enunciado: Resolver el problema de intercalación (3.6) usando archivos en lugar de vectores y aplicando funciones.

Método

Se leen los primeros registros en los dos archivos.

Se recorren ambos archivos mientras no sea verdad el EOF de alguno de ellos. Dentro de ese ciclo, el procedimiento COMPA compara ambos registros, escribiendo el menor en el archivo resultado y avanzando un registro en el archivo de datos correspondiente, mediante la lectura del siguiente registro.

Terminado, mediante el procedimiento GRABA se pasa el remanente del otro archivo al de salida, escribiendo en el segundo y leyendo en el primero.

Ambiente

Variable	Descripción	Programa principal
ARCH1	Archivo de entrada 1.	
ARCH2	Archivo de entrada 2.	
ARCH3	Archivo de salida.	
A,B	Registro (enteros) de ARCH1 y ARCH 2.	

```
Algoritmo "Intercalación de archivos"
comenzar
```

```
abrir ARCH1 para entrada
abrir ARCH2 para entrada
abrir ARCH3 para salida
leer en ARCH1 A
leer en ARCH2 B
mientras no sea (EOF(ARCH1) o EOF(ARCH2)) hacer    (cond1)
   COMPA              {Compara A y B, escribe el menor y lee}
fin mientras          {Uno de los archivos se termina}
{Al tener la señal de EOF, quedan sin escribir en ARCH3}
{registros del que no terminó.}
si EOF(ARCH1)         {Se termina el archivo 1}  (cond3)
entonces              {Escribe el resto del otro archivo}
   GRABA(ARCH2,B)     {Lleva como argumento el archivo y el}
sino                  {registro que quedó sin escribir.}
   GRABA(ARCH1,A)
finsi
cierra ARCH3
fin
```

Ambiente

Variable	Descripción	Procedimiento COMPA
ARCH1	Usa como variable global.	
ARCH2	Idem.	
ARCH3	Idem.	
A,B	Idem.	

```
Función "COMPA"
comenzar
si A < B                              (cond2)
entonces
    escribir en ARCH3 A
    leer en ARCH1 A
sino
    escribir en ARCH3 B
    leer en ARCH2 B
finsi
fin
```

Ambiente

Variable	Descripción	Procedimiento GRABA
ARCH	Archivo de entrada parámetro	
X	Registro leído (parámetro el primero).	
ARCH3	Usa como variable global.	

```
Función "GRABA(ARCH,X)"
comenzar
mientras no sea EOF(ARCH) hacer   (cond4)
    escribir en ARCH3 X
    leer en ARCH X
```

```
fin mientras
fin
```

Archivos a leer:

```
ARCH1  12
      234
      508
      932

ARCH2  35
       92
      135
      349
      402
```

Seguimiento

	cond2	ARCH3	A	B	cond1	cond3	X	cond4
PPAL			12	35	F			
COMPA	V	12	234		F			
COMPA	F	35		92	F			
COMPA	F	92		135	F			
COMPA	F	135		349	F			
COMPA	V	234	508		F			
COMPA	F	349		402	F			
COMPA	F	402		EOF	V			
PPAL						F		
GRABA							508	V
GRABA		508					932	V
GRABA		932					EOF	F

3.8 Enunciado: Dada una serie de valores, calcular su mediana.

Método

- La mediana es un valor tal que la mitad de los valores son menores que ella, y la otra mitad mayores.
- Se leen los valores, se cuentan y colocan en un vector.
- Se ordena el vector.
- Se calcula la mediana aplicando por convención:
    - Si el número de valores es par, como el promedio de los valores simétricos al medio.
    - Si es impar, el valor del medio.

Ambiente	Variable	Descripción	Programa principal
	VAL	Valor leído.	
	A	Vector que contiene los valores.	

```
          N            Contador, al final cantidad de valores.
          IND          Indice de la mediana.
          MED          Mediana.

Algoritmo  "Cálculo de la mediana"
comenzar
N <- 0
mientras sea verdad hacer        (siempre verdadero)
   leer VAL
   si VAL = 0                    (cond1)
   entonces
      salir
   finsi
   N <- N+1
   A[N] <- VAL
fin mientras
ORDEN(N,A)    {Procedimiento para ordenar, ya desarrollado}
si N % 2 > 0    {verdad si N es impar}         (cond2)
entonces
   IND <- (N+1)/2
   MED <- A(IND)
sino
   IND <- N/2
   MED <- (A(IND)+A(IND+1))/2
finsi
escribir MED
fin

Función  "ORDEN"    Desarrollado en Problema 2.12

Seguimiento
     Entrada cond1 N A[N] cond2 IND MED Salida
PPAL                0
      1.75     F    1 1.75
      1.67     F    2 1.67
      1.58     F    3 1.58
      1.60     F    4 1.60
      1.49     F    5 1.49
      1.81     F    6 1.81
      1.65     F    7 1.65
      1.69     F    8 1.69
      1.67     F    9 1.67
      0        V
ORDEN               1 1.49
                    2 1.58
                    3 1.60
                    4 1.65
                    5 1.67
```

```
                 6 1.67
                 7 1.69
                 8 1.75
                 9 1.81
PPAL                      V    5  1.67  1.67
```

3.9 Enunciado: Se da un archivo de alumnos que contiene: Número de legajo, sexo codificado 1=femenino y 2=masculino y nota. Clasificar por sexo y nota en tres grupos según sea ésta menor que 4, entre 4 y menor que 7, 7 o mas. Indicar cuantos hay por clase y los promedios por sexo.

Método

Se recorre el archivo desde el principio y mientras no sea EOF, procesando cada registro.

Para cada registro se clasifica la nota en su grupo con la función GNOTA que devuelve 1, 2 ó 3. Se suma uno al acumulador de cantidades que le corresponde por sexo y grupo de nota y se suma la nota al acumulador de notas según el sexo.

Terminado el ciclo se obtienen los promedios e imprimen los resultados.

Ambiente

Variable	Descripción	Programa principal
ARCH1	Archivo	
LEG	Legajo.	
SEXO	Sexo cod. 1 (fem.), 2 (masc.)	
NOTA	Nota Grupo 1 nota < 4 2 nota >=4 y nota < 7 3 nota >= 7	
GNOTA	Grupo por la nota.	
CANT(SEXO,GNOTA)	Matriz que contiene las cantidades de cada clase.	
SNOTA(SEXO)	Vector con la suma de notas por sexo.	
I,J	Variables de control de ciclo.	
PROM	Promedio.	

```
Algoritmo "Clasificación de alumnos"
    comenzar
    para I desde 1 hasta 2 hacer  {Pone a 0}
       SNOTA[I] <- 0
       para J desde 1 hasta 3 hacer
           CANT[I,J] <- 0
       fin para
    fin para
    abrir ARCH1 para entrada
    mientras sea verdad hacer      (siempre verdadero)
```

```
      leer de ARCH1 LEG,SEXO,NOTA
      si es EOF(ARCH1)                (cond1)
      entonces
         salir
      finsi
      CANT(SEXO,GNOTA(NOTA)) <- CANT(SEXO,GNOTA(NOTA))+1
      SNOTA(SEXO) <- SNOTA(SEXO)+NOTA
   fin mientras
   para I desde 1 hasta 2 hacer
      PROM <- SNOTA[I]/(CANT[I,1]+CANT[I,2]+CANT[I,3])
      escribir PROM,(CANT[I,1],CANT[I,2],CANT[I,3])
   fin para
   fin

   Función  "GNOTA(NOTA)"
   comenzar
   si NOTA < 4
   entonces
      GRUPO <- 1
   sino
      si NOTA < 7
      entonces
         GRUPO <- 2
      sino
         GRUPO <- 3
      finsi
   finsi
   retornar GRUPO
   fin
```

Seguimiento

Entrada	SEXO	NOTA	GNOTA	SNOTA		CANT[I,1]		CANT[I,2]		CANT[I,3]	
(subíndice sexo)->				1	2	1	2	1	2	1	2
				0	0	0	0	0	0	0	0
92006234	1	7.5	3	7.5						1	
93321656	1	4.2	2	11.7				1			
90823012	2	6.3	2		6.3				1		
89007456	1	8.1	3	19.8						2	
93015945	2	9.0	3		15.3						1
92019580	2	2.5	1		17.8		1				
91043500	2	3.2	1		21.0		2				
92035206	1	4.8	2	24.6				2			
91007125	2	6.1	2		27.1				2		
92012254	1	2.1	1	26.7		1					
87007763	1	5.8	2	32.5				3			

Salida->	SEXO	prom	grupo1	grupo2	grupo3	(total)
	1	5.42	1	3	2	6

```
2   5.42   2   2   1   5
```

3.10 Enunciado: Leer N renglones conteniendo número - nombre - edad y construir una lista encadenada usando punteros.

Método

El registro es:	NUMERO	C 3
	NOMBRE	C 10
	EDAD	N
	PROXIMO	puntero

Se lee N, cantidad de renglones.

Dentro de un ciclo PARA de N veces, se obtiene una nueva posición de memoria con el operador NEW y se lee un renglón almacenando las variables en el correspondiente registro en memoria. En el puntero del registro se almacena la dirección del anterior registro y en la variable P la del que acabamos de construir.

Terminada la operación, en la variable P tenemos la dirección del último registro ingresado, en el campo PROXIMO de éste, la del anterior y así sucesivamente, mientras que la del primero se encuentra vacía (NULL), pues no hay otro que le preceda.

Como control recorreremos la cadena escribiendo los datos encontrados, que estarán en orden inverso al de entrada.

Ambiente	Variable	Descripción	Programa principal
	PERSONA	Registro con datos de una persona.	
	NUMERO	Número	(campo de PERSONA)
	NOMBRE	Nombre	(campo de PERSONA)
	EDAD	Edad	(campo de PERSONA)
	PROXIMO	Puntero hacia el PERSONA anterior	
	PRIMERO	Dirección del ultimo registro. Puntero.	
	P	Dirección del próximo registro. Puntero.	

```
Algoritmo "Construir lista en memoria"
comenzar
leer N
PRIMERO <- NULL
para I desde 1 hasta N hacer
   P <- NEW PERSONA        {Almacena una dirección libre en P}
   leer P->NUMERO,P->NOMBRE,P->EDAD    {Almacena variables}
                 {en un registro en la dirección P }
   P->PROXIMO <- PRIMERO  {Dirección de registro anterior}
   PRIMERO <- P            {Dirección de este registro}
fin para
```

```
   P <- PRIMERO              {Muestra lo guardado}
   mientras P <> NULL hacer
      escribir P->NUMERO,' ',P->NOMBRE,P->EDAD
      P <- PROXIMO           {Dirección del próximo registro}
   fin mientras
   fin
```

Seguimiento

```
     Entrada          N I  P NUMERO NOMBRE  EDAD PROXIMO PRIMERO
        3             3                                  NULL
     053 Nombre1  37    1 D01  053  Nombre1  37    NULL    D01
     230 Nombre2  42    2 D02  230  Nombre2  42    D01     D02
     127 Nombre3  21    3 D03  127  Nombre3  21    D02     D03
     Ciclo de escritura
                          D03  127  Nombre3  21    D02
                          D02  230  Nombre2  42    D01
                          D01  053  Nombre1  37    NULL
                          NULL
```

3.11 Enunciado: Leer un archivo de datos conteniendo número, nombre, edad. Construir una lista encadenada usando punteros y recorrerla imprimiendo los mayores de una edad dada.

Método

El registro es:	NUMERO	C 4
	NOMBRE	C 10
	EDAD	N
	PROXIMO	puntero

Dentro de un ciclo mientras no sea EOF del archivo, se obtiene una nueva posición de memoria con el operador NEW y se lee un registro almacenando las variables en el correspondiente lugar en memoria. En el puntero del registro se almacena la dirección del anterior registro y en la variable P la del que acabamos de construir.

Terminada la operación, se usa el procedimiento LOCALIZ para encontrar la primera dirección de un registro que cumpla la condición y se usa un ciclo mientras el puntero sea distinto de NULL (que es la condición de último de la lista) para imprimir las variables y obtener el siguiente que cumple.

Ambiente

Variable	Descripción	Programa principal
EDMIN	Edad mínima.	
PERSONA	Registro con datos de una persona.	
NUMERO	Número	(campo de PERSONA)
NOMBRE	Nombre	(campo de PERSONA)
EDAD	Edad	(campo de PERSONA)

PROXIMO	Puntero hacia el PERSONA anterior
PRIMERO	Dirección del ultimo registro. Puntero.
P	Dirección del próximo registro. Puntero.
ENTRA	Archivo de entrada.

```
Algoritmo  "Construir lista en memoria y localizar registros"
    comenzar
    leer EDMIN
    abrir ENTRA para entrada
    PRIMERO <- NULL
    mientras sea verdad hacer      (siempre verdadero)
       P <- NEW PERSONA       {Almacena una dirección libre en P}
       leer de ENTRA,P->NUMERO,P->NOMBRE,P->EDAD
       si es EOF(ENTRA)
       entonces
          salir
       finsi
       P->PROXIMO <- PRIMERO  {Dirección de registro anterior }
       PRIMERO <- P           {Dirección de este registro }
    fin mientras
    Q <- PRIMERO              {Puntero de arranque de la lista}
    mientras Q <> NULL hacer
       LOCALIZ(EDMIN)                {Busca desde Q el próximo}
       si Q = NULL        {Llega al fin de la lista}
       entonces
          salir
       finsi
       escribir Q->NUMERO,' ',Q->NOMBRE,Q->EDAD
       Q <- Q->PROXIMO         {Avanza al siguiente de la lista}
    fin mientras
    fin
```

El procedimiento LOCALIZ usa un dato que le pasa el programa de llamada (la edad mínima) y mueve la dirección (es variable global) desde la de arranque hasta que encuentra el siguiente registro que cumple la condición.

Ambiente	Variable	Descripción	Procedimiento LOCALIZ
	EDMIN	Edad mínima. (Parámetro de llamada)	
	Q	Dirección del registro. Puntero.	
	PERSONA	Registro con datos de una persona.(Usa)	
	NUMERO	Número (campo de PERSONA)	
	NOMBRE	Nombre (campo de PERSONA)	
	EDAD	Edad (campo de PERSONA)	
	PROXIMO	Puntero hacia el PERSONA anterior	

```
Función  "LOCALIZ(EDMIN)"
```

```
comenzar
mientras Q <> NULL hacer                          (cond1)
   si Q->EDAD > EDMIN  {Es el buscado, edad mayor} (cond2)
   entonces
      salir          {Interrumpe el ciclo, el puntero}
   sino              {queda en el valor alcanzado}
      Q <- Q->PROXIMO   {Almacena el puntero siguiente}
   finsi
fin mientras
fin                {de LOCALIZ}
```

Archivo a leer:

```
0053 Nombre1  37
0230 Nombre2  42
0127 Nombre3  21
1240 Nombre4  17
2498 Nombre5  33
2249 Nombre6  12
```

Seguimiento

Entrada	EDMIN	P	NUMERO	NOMBRE	EDAD	PROXIMO	PRIMERO
30	30						NULL
Reg.1		D01	0053	Nombre1	37	NULL	D01
Reg.2		D02	0230	Nombre2	42	D01	D02
Reg.3		D03	0127	Nombre3	21	D02	D03
Reg.4		D04	1240	Nombre4	17	D03	D04
Reg.5		D05	2498	Nombre5	33	D04	D05
Reg.6		D06	2249	Nombre6	12	D05	D06

Ciclo búsqueda y escritura

Prog.	EDMIN	Q	cond1	Q->EDAD	cond2	Salida	nuevo Q
PRINCIPAL							D06
LOCALIZ	30	D06	F	12	F		D05
		D05	F	33	V		
PRINCIPAL		D05				2498 Nombre5 33	D04
LOCALIZ	30	D04	F	17	F		D03
		D03	F	21	F		D02
		D02	F	42	V		
PRINCIPAL		D02				0230 Nombre2 42	D01
LOCALIZ	30	D01	F	37	V		
PRINCIPAL		D01				0053 Nombre1 37	NULL

Sale del ciclo sin llamar a LOCALIZ

Segunda Parte
Codificación

1

Programación en Lenguaje C++
Primer Nivel

PROBLEMA 1.1. Suma dos números, tomados de la entrada.

```
#include <iostream.h>
void main()
{
  int  a,b,suma;

  cout<<"Entre dos numeros:  ";
  cin>>a>>b;
  suma = a+b;
  cout<<endl<<"Suma "<<suma;
  return;
}
```

PROBLEMA 1.2. Suma N números, tomados de la entrada.

```
#include <iostream.h>
void main()
{
  int  n,num,i = 0,suma = 0;

  cout<<"Entre la cantidad de numeros:  ";
  cin>>n;

  do
  {
    cout<<"Numero "<<i+1<<":  ";
    cin>>num;
    ++i;
    suma += num;
  }
  while(i < n);

  cout<<endl<<"Suma "<<suma;
  return;
}
```

PROBLEMA 1.3. Lee una serie de números, tomados de la entrada y encuentra el mayor.

```
#include <iostream.h>
void main()
{
  int  num,mayor;

  cout<<"Para finalizar entre: 9999";
  cout<<endl<<"Entre un numero:  ";
  cin>>num;
  mayor = num;

  while(num != 9999)
  {

    if(num > mayor)
       mayor = num;

    cout<<"Entre un numero:  ";
    cin>>num;
  }

  cout<<endl<<"Mayor  "<<mayor;
  return;
}
```

PROBLEMA 1.4. Dados varios números, encuentra el mayor y el menor.

```
#include <iostream.h>
void main()
{
  int  num,mayor,menor;

  cout<<"Para finalizar entre: 9999";
  cout<<endl<<"Entre un numero:  ";
  cin>>num;
  mayor = menor = num;

  while(num != 9999)
  {

    if(num > mayor)
      mayor = num;
    else if(num < menor)
      menor = num;

    cout<<"Entre un numero:  ";
    cin>>num;
  }

  cout<<endl<<"Mayor  "<<mayor<<"    Menor  "<<menor;
  return;
}
```

PROBLEMA 1.5. Dada una serie de números, encuentra el mayor y su número de orden en la serie.

```
#include <iostream.h>
void main()
{
  int  num,mayor,i,numord;

  cout<<"Termina con: 9999";
  cout<<endl<<"Entre un numero:  ";
  cin>>num;
  i = 1;
  mayor = num;
  numord = i;

  while(num != 9999)
  {

    if(num > mayor)
    {
      mayor = num;
      numord = i;
    }

    cout<<"Entre un numero:  ";
    cin>>num;
    ++i;
  }

  cout<<endl<<"Mayor  "<<mayor<<"    Orden  "<<numord;
  return;
}
```

PROBLEMA 1.6. Obtiene el promedio de una serie de números.

```
#include <iostream.h>
#include <iomanip.h>
void main()
{
  int   num,i = 0;
  float suma = 0,prom;

  cout<<"Termina poniendo: 9999"<<endl;

  while(1)                  // Ciclo infinito con salida por BREAK
  {
    cout<<"Entre un numero:  ";
    cin>>num;

    if(num == 9999)         // Sale sin procesar al entrar 9999
      break;

    ++i;
    suma += num;           // Suma es REAL para evitar operaciones
```

```
  }                         // entre enteros que truncaría PROM

  prom = suma/i;
  cout<<endl<<"Promedio  "<<setprecision(2)<<prom;
  return;
}
```

PROBLEMA 1.7. Sumatoria de los primeros N números naturales.

```
#include <iostream.h>
void main()
{
  int  n,i = 0,suma = 0 ;

  cout<<"Entre el numero:  ";
  cin>>n;

  do
  {
    ++i;
    suma += i;
  }
  while(i < n);

  cout<<endl<<"La suma de los primeros "<<n<<" numeros es "<<suma;
  return;
}
```

PROBLEMA 1.8. Suma de una serie de números, eleva al cuadrado y determina paridad.

```
#include <iostream.h>
void main()
{
  int   num,suma = 0,cuadr;

  while(1)
  {
    cout<<"Entre un numero(fin=9999):  ";
    cin>>num;

    if(num == 9999)
      break;

    suma += num;
  }

  cuadr = suma*suma;

  if(cuadr % 2 == 0)
    cout<<endl<<"El cuadrado: "<<cuadr<<" es PAR";
  else
    cout<<endl<<"El cuadrado: "<<cuadr<<" es IMPAR";
```

```
  return;
}
```

PROBLEMA 1.9. Determina posición de puntos respecto a un triángulo.

```
#include <iostream.h>
#include <iomanip.h>
void main()
{
  float x,y;

  cout<<"Sale con x=9999"<<endl;

  while(1)
  {
    cout<<"Par de coordenadas:  ";
    cin>>x>>y;

    if(x == 9999)
      break;

    if (y > x-1 || x > 4 || y < 1)
      cout<<"El punto "<<setprecision(2)<<x<<", "<<y
          <<" es EXTERIOR"<<endl;
    else if (y == x-1 || x == 4 || y == 1)
      cout<<"El punto "<<setprecision(2)<<x<<", "<<y
          <<" es PERIMETRICO"<<endl;
    else
      cout<<"El punto "<<setprecision(2)<<x<<", "<<y
          <<" es INTERIOR"<<endl;
  }

  return;
}
```

PROBLEMA 1.10. Calcula factorial de N. Se trabaja con reales largos porque aun con enteros chicos se excede el límite de representación de enteros.

```
#include <iostream.h>
#include <iomanip.h>
void main()
{
  double n,i = 0,fact = 1;          // Reales doble precisión

  cout<<"Entre el numero:  ";
  cin>>n;

  while (i < n)
  {
    ++i;
    fact *= i;
  }
```

```
  cout<<endl<<"El factorial de "<<setprecision(0)<<n<<" es "
      <<fact<<endl;
  return;
}
```

PROBLEMA 1.11. Entrar una serie de pares de números, intercambiarlos y mostrar su valor absoluto.

```
#include <iostream.h>
#include <iomanip.h>
void main()
{
  double vala(double);                 // Declaración de funciones
  void inter(double&,double&);
  double x,y;                          // Declaración de variables

  cout<<"Sale con 9999";

  while(1)
  {
    cout<<endl<<"Entrar 2 numeros ";
    cin>>x>>y;

    if (x == 9999)
      break;

    inter(x,y);
    cout<<"Numeros cambiados: "<<setprecision(2)<<setw(8)<<x
        <<setw(8)<<y<<endl<<"Valores absolutos: "<<setw(8)
        <<vala(x)<<setw(8)<<vala(y);
  }

  return;
}

void inter(double& el1, double& el2)      /* FUNCION INTER   */
{                             // Pasa parámetros por referencia
  double aux;

  aux = el1;                  // Intercambia los valores de las
  el1 = el2;                  // variables también en el programa
  el2 = aux;                  // principal
  return;
}

double vala(double a)                     /* Función DOUBLE   */
{                             // Pasa parámetros por valor
  double valor;

  if (a < 0)
    valor = -1*a;
  else
    valor = a;
```

```
  return valor;
}
```

PROBLEMA 1.12. Entrar una serie de pares de números, intercambiarlos y mostrar su valor absoluto. Uso de punteros para valores por referencia.

```
#include <iostream.h>
#include <iomanip.h>
void main()
{
  double vala(double);                   // Declaración de funciones
  void inter(double*,double*);
  double x,y;                            // Declaración de variables

  cout<<"Sale con 9999";

  while(1)
  {
    cout<<endl<<"Entrar 2 numeros ";
    cin>>x>>y;

    if (x == 9999)
      break;

    inter(&x,&y);
    cout<<"Numeros cambiados: "<<setprecision(2)<<setw(8)<<x
        <<setw(8)<<y<<endl<<"Valores absolutos: "<<setw(8)
        <<vala(x)<<setw(8)<<vala(y);
  }

  return;
}

void inter(double *el1, double *el2)        /* FUNCION INTER    */
{                                    // Pasa parámetros con punteros
  double aux;

  aux  = *el1;                        // Intercambia los valores de las
  *el1 = *el2;                        // variables también en el programa
  *el2 = aux;                         // principal
  return;
}

double vala(double a)                           /* Función DOUBLE    */
{                                   // Pasa parámetros por valor
  double valor;

  if (a < 0)
    valor = -1*a;
  else
    valor = a;

  return valor;
}
```

2

Programación en Lenguaje C++ Segundo Nivel

PROBLEMA 2.1. Lee una serie de valores de ventas y los suma divididos en 4 categorías: menores que 1000, entre 1000 y 2000, entre 2000 y 3000; mayores que 3000.

```
#include <iostream.h>
#include <iomanip.h>
void main()
{
  float v,v1=0,v2=0,v3=0,v4=0;
  int   i;

  while(1)                             // Hace un ciclo infinito
  {
    cout<<"Entre un valor(fin=valor negativo): ";
    cin>>v;

    if(v <= 0)                     // Sale para valor negativo o nulo
      break;

    i = v/1000 + 1;

    if(i > 4)
      i = 4;

    switch(i)
    {
      case 1:
        v1 += v;
        break;
      case 2:
        v2 += v;
        break;
      case 3:
        v3 += v;
        break;
      case 4:
        v4 += v;
        break;
```

```
        }
    }

    cout.setf(ios::fixed, ios::floatfield);
    cout<<endl<<"Totales de 4 categorias:"<<setprecision(2)
        <<setw(10)<<v1<<setw(10)<<v2<<setw(10)<<v3<<setw(10)<<v4;
    return;
}
```

PROBLEMA 2.2. Calcula factorial de N. Usando la estructura PARA... DESDE... HASTA.

```
#include <iostream.h>
#include <iomanip.h>
void main()
{
  int    i = 1,n;
  double fact = 1;

  cout<<endl<<"Entre el numero:  ";
  cin>>n;

  for( ; i <= n ; ++i)
    fact *= i;

  cout<<endl<<"El factorial de "<<n<<" es "<<setprecision(0)
      <<setw(10)<<fact;
  return;
}
```

PROBLEMA 2.3. Lee y almacena en un vector los números de N alumnos.

```
#include <iostream.h>
#include <iomanip.h>
void main()
{
  int     n,i;
  float   numalu[100];

  cout<<endl<<"Cantidad de alumnos: ";
  cin>>n;

  for(i = 0 ; i < n ; ++i)
  {
    cout<<"Numero alumno "<<i+1<<":  ";
    cin>>numalu[i];
  }

  cout<<endl<<"Lista de alumnos";
  cout.setf(ios::fixed, ios::floatfield);
  cout<<setprecision(0);

  for(i = 0 ; i < n ; ++i)
```

```
    cout<<endl<<i+1<<setw(9)<<numalu[i];

  return;
}
```

PROBLEMA 2.4. Lee, fila por fila, una matriz de M x N elementos.

```
#include <iostream.h>
#include <iomanip.h>
void main()
{
  int   i,j,m,n;
  float a[100][100];

  cout<<endl<<"Cantidad de filas y columnas:  ";
  cin>>m>>n;

  for(i = 0 ; i < m ; ++i)                // filas de 0 a m-1
    for(j = 0 ; j < n ; ++j)              // columnas de 0 a n-1
    {
      cout<<"Elemento "<<i+1<<' '<<j+1<<":  ";
      cin>>a[i][j];                       // muestra de 1 a M y N
    }

  cout<<endl<<"Matriz A"<<endl;
  cout<<setprecision(2);

  for(i = 0 ; i < m ; ++i)
  {
    for(j = 0 ; j < n ; ++j)
      cout<<setw(8)<<a[i][j];

    cout<<endl;
  }

  return;
}
```

PROBLEMA 2.5. Sumar dos matrices de 4 x 3 elementos.

```
#include <iostream.h>
#include <iomanip.h>
void main()
{
  int   i,j;
  float a[4][3],b[4][3],c[4][3];

  for(i = 0 ; i < 4 ; ++i)      // Lee la matriz A una fila por vez
  {                             // de 0 a 3, muestra luego de 1 a 4
    cout<<"Matriz A, fila "<<i+1<<" de 3 elem.:  ";
    cin>>a[i][0]>>a[i][1]>>a[i][2];
  }
```

```
  cout<<endl;

  for(i = 0 ; i < 4 ; ++i)       // Lee la matriz B una fila por vez
  {                              // de 0 a 3
    cout<<"Matriz B, fila "<<i+1<<" de 3 elem.:  ";
    cin>>b[i][0]>>b[i][1]>>b[i][2];
  }

  for(i = 0 ; i < 4 ; ++i)       // Obtiene la matriz C, suma
    for(j = 0 ; j < 3 ; ++j)
      c[i][j] = a[i][j]+b[i][j];

  cout<<endl<<"Matriz Suma"<<endl;
  cout<<setprecision(2);

  for(i = 0 ; i < 4 ; ++i)
  {
    for(j = 0 ; j < 3 ; ++j)
      cout<<setw(10)<<c[i][j];

    cout<<endl;
  }

  return;
}
```

PROBLEMA 2.6. Hacer cero los elementos de la diagonal principal de una matriz N x N.

```
#include <iostream.h>
#include <iomanip.h>
void main()
{
  int   i,j,n;
  float a[100][100];

  cout<<"Orden de la matriz:  ";
  cin>>n;

  for(i = 0 ; i < n ; ++i)          // filas y columnas de 0 a n-1
    for(j = 0 ; j < n ; ++j)
    {
      cout<<"Elemento "<<i+1<<' '<<j+1<<":  ";    // muestra 1 a N
      cin>>a[i][j];
    }

  for(i = 0 ; i < n ; ++i)                // Pone diagonal a 0
    a[i][i] = 0;

  cout<<endl<<"Matriz Resultado"<<endl;
  cout<<setprecision(2);

  for(i = 0 ; i < n ; ++i)
  {
    for(j = 0 ; j < n ; ++j)
```

```
        cout<<setw(10)<<a[i][j];

      cout<<endl;
    }

  return;
}
```

PROBLEMA 2.7. Imprimir el orden de los elementos de la diagonal principal de una matriz N x N que sean iguales a cero.

```
#include <iostream.h>
#include <iomanip.h>
void main()
{
  int   i,j,n;
  float a[100][100];

  cout<<endl<<"Orden de la matriz:  ";
  cin>>n;

  for(i = 0 ; i < n ; ++i)          // filas y columnas de 0 a n-1
    for(j = 0 ; j < n ; ++j)
    {
      cout<<"Elemento "<<i+1<<' '<<j+1<<":  ";    // muestra 1 a N
      cin>>a[i][j];
    }

  for(i = 0 ; i < n ; ++i)
    if(a[i][i] == 0)      // Responde para 1 a N en vez de 0 a N-1
      cout<<endl<<"El elemento de orden "<<i+1<<" es cero";

  return;
}
```

PROBLEMA 2.8. Sumar los elementos de la cuarta fila de una matriz cuadrada de orden 6.

```
#include <iostream.h>
#include <iomanip.h>
void main()
{
  int   i,j;
  float a[6][6],suma = 0;

  for(i = 0 ; i < 6 ; ++i)          // filas y columnas de 0 a 5
    for(j = 0 ; j < 6 ; ++j)
    {
      cout<<"Elemento "<<i+1<<' '<<j+1<<":  ";    // muestra 1 a 6
      cin>>a[i][j];
    }

  for(i = 0 ; i < 6 ; ++i)
    suma += a[3][i];
```

```
  cout<<endl<<setprecision(2)<<setw(10)<<suma;
  return;
}
```

PROBLEMA 2.9. Leer una matriz de M x N elementos dados en la forma: fila, columna, elemento y poner en un vector la suma de los elementos de las columnas correspondientes.

```
#include <iostream.h>
#include <iomanip.h>
void main()
{
  int   i,j,m,n,k;
  float a[101][101],v[101],elem;

  cout<<endl<<"Cantidad de filas y columnas:  ";
  cin>>m>>n;

  for(k = 1 ; k <= m*n ; ++k)
  {
    cout<<"Fila, Columna, Elemento:  ";
    cin>>i>>j>>elem;
       // Debe almacenarse el elemento en la variable intermedia
       // ELEM, porque no puede usar I y J entrados en el renglón
    a[i][j] = elem;
  }                           // Se trabaja con elementos a partir de 1

  for(j = 1 ; j <= n ; ++j)
  {
    v[j] = 0;

    for(i = 1 ; i <= m ; ++i)
      v[j] += a[i][j];

  }

  cout<<endl<<"Vector resultado"<<endl;
  cout<<setprecision(2);

  for(i = 1 ; i <= n ; ++i)
    cout<<setw(10)<<v[i];

  return;
}
```

PROBLEMA 2.10. Leer una matriz A(6,8). Determinar cuantos elementos positivos tiene y que posición ocupa el mayor de ellos. Si hay varios iguales al mayor, indicar las posiciones de todos.

```
#include <iostream.h>
#include <iomanip.h>
void main()
```

```
{
  int   i,j,n,k,fil[48],col[48];
  float a[6][8],may;

  for(i = 0 ; i < 6 ; ++i)       // Trabaja con origen 0 y muestra
    for(j = 0 ; j < 8 ; ++j)     // con origen 1
    {
      cout<<"Elemento "<<i+1<<' '<<j+1<<":  ";
      cin>>a[i][j];
    }

  may = 0;
  n = 0;

  for(i = 0 ; i < 6 ; ++i)
    for(j = 0 ; j < 8 ; ++j)

      if(a[i][j] > 0)
      {
        ++n;

        if(a[i][j] >= may)
        {
          if(a[i][j] > may)
          {
            may = a[i][j];
            k = 0;            // Inicializa en 0, vector de 0 a K
          }
          else
            ++k;

          fil[k] = i;
          col[k] = j;
        }

      }

  if(n == 0)
    cout<<endl<<"No hay elementos positivos";
  else
  {
    cout<<endl<<"Mayor"<<setprecision(2)<<setw(10)<<may
        <<" Cant.positivos "<<n;
    cout<<endl<<"Posicion(es) del mayor";

    for(i = 0 ; i <= k ; ++i)
      cout<<endl<<setw(10)<<fil[i]+1<<setw(10)<<col[i]+1;
   }              // Corrige las posiciones para adaptar origen 1

  return;
}
```

PROBLEMA 2.11. Leer un vector A(N) e imprimir el que se obtiene eliminando sus elementos nulos.

```
#include <iostream.h>
#include <iomanip.h>
void main()
{
  int   i,n,k;
  float a[100],b[100];

  cout<<"Cantidad de elementos:  ";
  cin>>n;

  for(i = 0 ; i < n ; ++i)
  {
    cout<<"Elemento "<<i+1<<":  ";
    cin>>a[i];
  }

  k = 0;

  for(i = 0 ; i < n ; ++i)
    if(a[i] != 0)
      b[k++] = a[i];          // Asigna a b[k] e incrementa k

  cout<<endl<<"Vector:"<<endl;
  cout<<setprecision(2);

  for(i = 0 ; i < k ; ++i)    // K es cantidad de elementos +1
    cout<<setw(10)<<b[i];

  return;
}
```

PROBLEMA 2.12. Ordenar en forma creciente un vector real A de N elementos.

```
#include <iostream.h>
#include <iomanip.h>
void inter(float*,float*);             // Se declara como global
                                        // se llama fuera del main
void main()
{
  void  orden(int,float []);           // Declaración de funciones
  int   i,n;                           // Declaración de variables
  float a[1000];

  cout<<endl<<"Cantidad de elementos:  ";
  cin>>n;

  for(i = 1 ; i <= n ; ++i)            // Trabajaremos con origen 1
  {
    cout<<"Elemento "<<i<<":  ";
    cin>>a[i];
  }
```

```
  orden(n,a);                        // Llama a la función ORDEN

  cout<<endl;
  cout<<setprecision(2);

  for(i = 1 ; i <= n ; ++i)
    cout<<setw(10)<<a[i];

  return;
}

void orden(int n, float a[])         /* FUNCION ORDEN  */
{
  int  i,k,final;

  final = n;

  do
  {
    k = 0;

    for(i = 1 ; i <= final-1 ; ++i)
      if(a[i] > a[i+1])
      {                            // Llama a la función INTER
         inter(a+i,a+i+1);          // La dirección de a[i] es a+i, i
        k = i;                     // lugares después de la de a[0]
      }                            // que es la de a (la del vector)

    final = k;
  }
  while(k != 0);

  return;
}

void inter(float *el1, float *el2)            /* FUNCION INTER   */
{                              // Pasa parámetros con punteros
  float aux;

  aux  = *el1;                 // Intercambia los valores de las
  *el1 = *el2;                 // variables también en la función
  *el2 = aux;                  // que llama
  return;
}
```

PROBLEMA 2.13. Encontrar por búsqueda binaria un elemento K del arreglo ordenado A(N).

```
#include <iostream.h>
#include <iomanip.h>
void main()
{
  int   i,n,k,min,max,medio,a[1000];

  cout<<"Cantidad de elementos y valor a buscar:  ";
  cin>>n>>k;

  for(i = 1 ; i <= n ; ++i)                  // Trabaja con origen 1
  {
    cout<<"Elemento "<<i<<":  ";
```

```
    cin>>a[i];
  }

  min = 1;
  max = n;

  do
  {
    medio = (max+min)/2;

    if(k < a[medio])
      max = medio - 1;
    else
      min = medio + 1;
  }
  while(k != a[medio] && min <= max);

  if(k == a[medio])
    cout<<endl<<"El valor es el elemento "<<medio;
  else
    cout<<endl<<"El valor no se encuentra";

  return;
}
```

3

Programación en Lenguaje C++ Tercer Nivel

PROBLEMA 3.1. Implementar una clase para el manejo de números complejos. Completar con programa de prueba.

```
#include <iostream.h>
#include <math.h>
class Complejo    // Declaración y funciones de la clase Complejo
{
  double real;      // Se representan los complejos como un par de
  double imag;      // valores reales, parte real e imaginaria.
public:
  Complejo(double preal,double pimag)   // Constructor, del mismo
  {                                     // nombre de la clase y
    real = preal;                       // sin tipo. Se prefirió
    imag = pimag;                       // definirlo en la
  }                                     // declaración.
  void CplSuma(Complejo*,Complejo*);    // Declaración de las
  void CplProd(Complejo*,Complejo*);    // otras funciones.
  void CplCoci(Complejo*,Complejo*);
  void   Imprime();
};                                    /* Complejo */

/* Suma de complejos. La suma se almacena en el complejo que
   llama a la función, los sumandos son los argumentos.    */
void Complejo::CplSuma(Complejo* cpl1,Complejo* cpl2)
{
  real = cpl1->real + cpl2->real;   // Obtiene parte real e imagi-
  imag = cpl1->imag + cpl2->imag;   // naria del complejo suma.
  return;
}                                   /* CplSuma */

/* Producto de complejos. El producto se almacena en el complejo
   que llama a la función, los factores son los argumentos.    */
void Complejo::CplProd(Complejo* cpl1,Complejo* cpl2)
{
  real = cpl1->real*cpl2->real - cpl1->imag*cpl2->imag;
  imag = cpl1->real*cpl2->imag + cpl1->imag*cpl2->real;
  return;
}                                   /* CplProd */
```

```
/* Cociente de complejos. El cociente se almacena en el complejo
que llama a la función, dividendo y divisor son los argumentos. */
void Complejo::CplCoci(Complejo* cpl1,Complejo* cpl2)
{
  double denom;                   // Variable local para facilitar
  denom = pow(cpl2->real,2) + pow(cpl2->imag,2);
  real = (cpl1->real*cpl2->real + cpl1->imag*cpl2->imag)/denom;
  imag = (cpl1->imag*cpl2->real - cpl1->real*cpl2->imag)/denom;
  return;
}                                       /* CplCoci */

void   Complejo::Imprime()              // Imprime el complejo
{
  cout << real;
  if (imag < 0)
    cout << " - " << -imag << " i\n";
  else
    cout << " + " << imag << " i\n";
  return;
}                                       /* Imprime */
/*      Fin de declaración y funciones de la clase Complejo   */

void main()                         // Prueba la clase
{
  Complejo cpres(0,0);              // Declara e inicializa cpres
  Complejo cpl1(2.3, 5.5);          // y cpl1 con valores
  cout << "complejo 1 = ";
  cpl1.Imprime();                   // Imprime usando la función
  Complejo cpl2(4.8,-1.9);
  cout << "complejo 2 = ";
  cpl2.Imprime();
  cpres.CplSuma(&cpl1,&cpl2);        // cpres = cpl1 + cpl2
  cout << "suma = ";
  cpres.Imprime();
  cpres.CplProd(&cpl1,&cpl2);        // cpres = cpl1 * cpl2
  cout << "producto = ";
  cpres.Imprime();
  cpres.CplCoci(&cpl1,&cpl2);        // cpres = clp1 / cpl2
  cout << "cociente = ";
  cpres.Imprime();

  return;
}                                       /* main */
```

PROBLEMA 3.2. Implementar una clase para manejar conjuntos de números enteros. Probarla con un programa.

```
#include <iostream.h>
#include <math.h>
enum logico {falso,verdad};         // falso es 0, verdad es 1
const MAXIMO = 1000;                // facilita cambiar el límite

class Conjunto
```

```
{
  int elems[MAXIMO];            // Arreglo entero con los elementos
  int card;                     // Cardinalidad, cantidad de elem.
public:
  void Vacio()                       // Se define el conjunto vacío
  {
    card = 0;
  }
  logico Miembro(int);               // Declaración de funciones
  logico AgrElem(int);
  void   RmvElem(int);
  void   Imprime();
  void   Intersec(Conjunto*,Conjunto*);
  logico Union(Conjunto*,Conjunto*);
};                                      /* Conjunto */

logico Conjunto::Miembro(int elem)      // Verifica si elem es
{                                       // miembro recorriendo el
  int i;                                // vector. Devuelve verdad
  for (i=0; i<card; ++i)                // si lo es.
    if (elems[i] == elem)
      return verdad;
  return falso;
}                                       /* Miembro */

logico Conjunto::AgrElem(int elem)      // Agrega elem al conjunto
{                                       // si no estaba y no excede
  int i;                                // el máximo. Si no puede
  for (i=0; i<card; ++i)                // agregar devuelve falso.
    if (elems[i] == elem)
      return verdad;                 // Ya pertenecía al conjunto
  if (card < MAXIMO)
  {
    elems[card++] = elem;         // Si no excede el máximo, agrega
    return verdad;
  }
  else
    return falso;
}                                     /* AgrElem */

void   Conjunto::RmvElem(int elem)    // Remueve elem del conjunto
{
  int i;
  for (i=0; i<card; ++i)
    if (elems[i] == elem)
    {
      for ( ; i<card-1; ++i)       // Corre elementos a la izquierda
        elems[i] = elems[i+1];
      --card;                        // Disminuye cardinalidad en 1
    }
  return;
}                                       /* RmvElem */

void   Conjunto::Imprime()            // Imprime el conjunto en la
{                                     // forma {a1,a2,...an}
  int i;
```

```
  cout << "{";
  for (i=0; i<card-1; ++i)
    cout << elems[i] << ",";
  if (card > 0)                    // No va coma después del último
    cout << elems[card-1];
  cout << "}\n";
  return;
}                                         /* Imprime */

void Conjunto::Intersec(Conjunto* c1, Conjunto* c2)  // Intersec-
{                                  // ción de dos conjuntos forman-
  int i,j;                         // do el que llama a la función,
  for (i=0; i<c1->card; ++i)       // que debe estar vacío.
    for (j=0; j<c2->card; ++j)
      if (c1->elems[i] == c2->elems[j])
      {
        elems[card++] = c1->elems[i];  // Pone en el de llamada
        break;
      }
  return;
}                                         /* Intersec */

logico Conjunto::Union(Conjunto* c1, Conjunto* c2)     // Unión
{                                  // de dos conjuntos formando el
  int i,j;                         // que llama a la función, que
  logico hay;                      // debe estar vacío.
  for (i=0; i<c1->card; ++i)            // Pone en el de llamada
    elems[card++] = c1->elems[i];       // los de c1
  for (j=0; j<c2->card; ++j)            // Verifica los de c2
  {
    hay = falso;
    for (i=0; i<c1->card; ++i)
      if (c2->elems[j] == c1->elems[i])
      {
        hay = verdad;                   // No pone, ya existe
        break;
      }
    if (!hay)
      if (card == MAXIMO)          // verifica no exceda máximo
        return falso;
      else
        elems[card++] = c2->elems[j];  // Pone en el de llamada
  }
  return verdad;
}                                         /* Union */

void main()                               // Prueba la clase
{
  Conjunto c1,c2,c3;

  c1.Vacio();                      // Ponemos 10,20,30 y 40 en c1
  c1.AgrElem(10);
  c1.AgrElem(20);
  c1.AgrElem(30);
  c1.AgrElem(40);
  c2.Vacio();                      // Ponemos 30,50,10 y 60 en c2
```

```
  c2.AgrElem(30);
  c2.AgrElem(50);
  c2.AgrElem(10);
  c2.AgrElem(60);
  c3.Vacio();                          // Creamos c3, vacío
  cout << "c1 = ";                     // Imprimimos c1
  c1.Imprime();
  cout << "c2 = ";                     // Imprimimos c2
  c2.Imprime();
  c2.RmvElem(50);                      // Removemos el 50 de c2
  cout << "c2 - {50} = ";              // Imprimimos c2 actualizado
  c2.Imprime();
  cout << "es 50 miembro de c2? = ";
  if (c2.Miembro(50))                  // Si 50 es miembro de c2
    cout << "SI\n";                    // ponemos SI
  else
    cout << "NO\n";
  c3.Intersec(&c1,&c2);                // Efectuamos la intersección
  cout << "c1 inters c2 = ";           // Imprimimos c3
  c3.Imprime();
  c3.Vacio();                            // Vaciamos c3
  c3.Union(&c1,&c2);                     // Efectuamos la unión
  cout << "c1 union c2 = ";              // Imprimimos c3
  c3.Imprime();
  return;
}                                        /* main */
/* PROBLEMA 3.3 - Lee y almacena en un vector los nombres de N
                  alumnos.  */
#include <iostream.h>
#include <iomanip.h>
#include <stdio.h>             // Se incluye para la función  scanf
void main()
{
  int     n,i;
  char    tecl;
  struct {char nomalu[26];}  // Se define un vector: nombre, que
         nombre[100];        // esta formado por una estructura
                             // con un solo item: nomalu
  cout<<endl<<"Cantidad de alumnos: ";
//cin>>n;                    No se usa esta función porque queda
//                           cargado un <Enter>, se usa la de C:
  scanf("%d%c",&n,&tecl);    // Lee además del número un caracter
                             // que toma la tecla <Enter>. De no
                             // hacerlo así, causa problemas en
                             // la siguiente entrada.

  for(i = 0 ; i < n ; ++i)
  {
    cout<<"Nombre alumno "<<i+1<<":  ";
    cin.getline(nombre[i].nomalu,26,'\n');
  }        // Usa getline para incluir blancos dentro del nombre.

  cout<<endl<<"Lista de alumnos";
  for(i = 0 ; i < n ; ++i)
    cout<<endl<<setw(3)<<i+1<<' '<<nombre[i].nomalu;
```

```
  return;
}
```

PROBLEMA 3.4. Listar el numero y nombre de los alumnos que tengan no menos del 80% de asistencia en 10 clases. Entrada desde archivo TEXT.

```
#include <iostream.h>
#include <iomanip.h>
#include <fstream.h>      // Incluye las funciones para archivos
#include <string.h>       // Incluye las funciones de strings

void main()
{
  char* substr(char*, int, int);     // Declara función SUBSTR
  struct
  {
    char numalu[9];      // Numero en 8 caracteres
    char nombre[31];     // Nombre en 30 caracteres
    char carrera[4];     // Carrera en 3 caracteres
    char grupoo[4];      // Grupo en 3 caracteres
    char presen[13];     // Presentes: Cadena de P y -
  }   clase;             // Tienen un carácter mas: fin='\0'
  int  i,j,prs;
  char reng[81];
  ifstream  asist;       // Declara ASIST como archivo de entrada
  asist.open("prob304.dat", ios::in);  // Conecta el archivo
                      // interno ASIST con el archivo en disco
                      // y lo abre para lectura quedando
                      // posicionado en el comienzo.

  while(asist.getline(reng,81,'\n'))
  {   // Ciclo en el que lee cada vez un renglón del archivo, al
      // llegar al EOF lo lee como 0 (FALSO) y sale.

// Coloca partes del renglón en las variables correspondientes.
    strcpy(clase.numalu,substr(reng,1,8));
    strcpy(clase.nombre,substr(reng,9,30));
    strcpy(clase.carrera,substr(reng,39,3));
    strcpy(clase.grupoo,substr(reng,42,3));
    strcpy(clase.presen,substr(reng,45,10));

    prs = 0;

    for(j = 0 ; j < 10 ; ++j)
      if(clase.presen[j] == 'P')
        ++prs;

    if(prs >= 8)
      cout<<endl<<clase.numalu<<' '<<clase.nombre;
  }

  return;
}
```

```
char* substr(char* cadena,int comien,int largo)
{                                          /* Función SUBSTR    */
  int i;
  char subcad[100];                  // limita hasta 100 caracteres

  for(i=0 ; i < largo && cadena[comien-1+i] != '\n' ; i++)
    subcad[i] = cadena[comien-1+i];      // transfiere caracteres

  if(strlen(cadena) < comien-1+largo)    // si no cubre el largo
    for(i=strlen(cadena)-comien+1 ; i < largo ; i++)
      subcad[i] = ' ';                   // rellena con blancos

  subcad[largo] = NULL;                  // Pone el carácter final
  return subcad;
}
```

PROBLEMA 3.5. Leer de un archivo secuencial de datos: nombre, edad y sexo. Escribir en otro archivo.

Leerlo e imprimir los datos de los varones mayores de 20 años.

Es un ejercicio para conversión de datos.

```
#include <iostream.h>
#include <iomanip.h>
#include <fstream.h>     // Incluye las funciones para archivos
#include <string.h>      // Incluye las funciones de strings
#include <strstrea.h>    // Incluye las clases de conversión

void main()
{
  char* substr(char*, int, int);    // Declara función SUBSTR
  enum  sex {masc,fem};   // Define por enumeración tipo SEX
  enum  sex sexw;
  struct
  {
    char nombre[26];       // Nombre en 25 caracteres
    int  edad;             // Edad
    enum sex sexo;         // Sexo MASC o FEM
  }  renglon;
  int  edaa,i;
  char reng[81],nomb[26],eddd[3],sexi[5],rengs[81];
  char edac[10]="          ",s;
  fstream  entra,sale;      // Declara ENTRA, SALE como archivos

  entra.open("prob305.dat",ios::in);
    // Conecta el archivo interno ENTRA con el archivo en disco y
    // lo abre para lectura quedando posicionado en el comienzo.
  sale.open("prob305.sal",ios::out);
     // Abre para escritura. Si el archivo existe, lo vacía.
     // Queda posicionado en el comienzo de un archivo vacío.

  while(entra.getline(reng,81,'\n'))
  {  // Ciclo en el que lee cada vez un renglón del archivo, al
     // llegar al EOF lo lee como 0 (FALSO) y sale.
```

```
// Coloca partes del renglón en las variables correspondientes.
    strcpy(nomb,substr(reng,1,25));
    strcpy(eddd,substr(reng,27,2));
    istrstream edstr(eddd,2);         // Declara EDSTR
    edstr>>edaa;                      // Convierte a numérico
    strcpy(sexi,substr(reng,30,4));

     // Arma, campo por campo la estructura RENGLON
    strcpy(renglon.nombre,nomb);  // Copia un string en otro
    renglon.edad = edaa;          // Asigna variable numérica
     // La variable de tipo SEX se lee como STRING y luego
     // se asigna en su tipo.
    if(strcmp(sexi,"masc") == 0)  // Compara dos strings, la
      renglon.sexo = masc;        // función es 0 si son iguales
    else
      renglon.sexo = fem;

     /* Pone en el string RENGS todos los datos. Para SEX, tipo
        ENUM, pone los caracteres '0' y '1' para los contenidos
        primero (masc) y segundo (fem) respectivamente; el dato
        queda en la posición 29 del string (origen 0). Se agrega
        el caracter de control '\n' para que separe por renglones
        cada registro.    */
    strcpy(rengs,substr(renglon.nombre,1,26));
    ostrstream ednum(edac,sizeof(renglon.edad));
    ednum<<renglon.edad;     // Convierte a string
    strcat(rengs,substr(edac,1,3));

    if(renglon.sexo == masc)
      s = '0';
    else
      s = '1';

    rengs[29] = s;
    rengs[30] = '\n';
    sale.write(rengs,31);    // Escribe en el archivo SALE
  }

  sale.close();              // Cierra el archivo de salida
  sale.open("prob305.sal",ios::in);
   // Conecta el archivo interno SALE  con el archivo en disco y
   // lo abre para lectura quedando posicionado en el comienzo.

  while(sale.getline(reng,81,'\n'))
  {

// Coloca partes del renglón en las variables correspondientes.
    strcpy(nomb,substr(reng,1,25));
    strcpy(eddd,substr(reng,27,2));
    // Declara EDSTR de clase istrstream y lo inicializa con el
    // string EDDD de longitud 2. Luego lo usa como entrada a una
    // variable entera, con lo que lo convierte a numérico.
    istrstream edstr(eddd,2);
    edstr>>edaa;

    if(reng[29] == '0')               // Sexo masculino
```

```
      strcpy(sexi,"masc");           // Pone MASC en el string
    else
      strcpy(sexi,"fem");

    if(strcmp(sexi,"masc") == 0 && edaa > 20)
      cout<<endl<<nomb<<' '<<edaa<<' '<<sexi;
  }
  return;
}


char* substr(char* cadena,int comien,int largo)
{                                          /* Función SUBSTR    */
  int i;
  char subcad[100];                  // limita hasta 100 caracteres

  for(i=0 ; i < largo && cadena[comien-1+i] != '\n' ; i++)
    subcad[i] = cadena[comien-1+i];       // transfiere caracteres

  if(strlen(cadena) < comien-1+largo)    // si no cubre el largo
    for(i=strlen(cadena)-comien+1 ; i < largo ; i++)
      subcad[i] = ' ';                   // rellena con blancos

  subcad[largo] = NULL;                  // Pone el carácter final
  return subcad;
}
```

PROBLEMA 3.6. Intercalación. Dados los arreglos A y B, ordenados, combinarlos produciendo el C.

```
#include <iostream.h>
#include <iomanip.h>

void main()
{
  int  i,j,k,l,m,n,a[1000],b[1000],c[2000];

  cout<<endl<<"Cantidad de elementos de A y B: ";
  cin>>m>>n;

  for(i = 0 ; i < m ; ++i)           // Origen 0, muestra 1
  {
    cout<<"Elemento "<<i+1<<" de A ";
    cin>>a[i];
  }

  cout<<endl;

  for(i = 0 ; i < n ; ++i)
  {
    cout<<"Elemento "<<i+1<<" de B ";
    cin>>b[i];
  }
```

```
  i = 0;
  j = 0;
  k = 0;
  while(i < m && j < n)
  {
    if(a[i] < b[j])
      c[k++] = a[i++];
    else
      c[k++] = b[j++];
  }

  if(i == m)
    for(l = j ; l < n ; ++l)
      c[k++] = b[l];
  else
    for(l = i ; l < m ; ++l)
      c[k++] = a[l];

  cout<<endl;

  for(i = 0 ; i < k ; ++i)
    cout<<c[i]<<' ';

  return;
}
```

PROBLEMA 3.7. Intercalación aplicada a archivos. Se dan los archivos PROB307.DA1 y PROB307.DA2, ordenados, se debe combinarlos produciendo el PROB307.SAL. Se usan funciones.

```
#include <iostream.h>
#include <iomanip.h>
#include <fstream.h>     // Incluye las funciones para archivos
#include <string.h>      // Incluye las funciones de strings

void compa(void);              // Declara las funciones,
void graba(int, int);          // variables y archivos como
int  a,b;                      // globales, antes de main()
fstream  arch1,arch2,arch3;

void main()
{
           // Conecta archivos internos y externos y los abre.
  arch1.open("prob307.da1",ios::in);
  arch2.open("prob307.da2",ios::in);
  arch3.open("prob307.sal",ios::out);
  arch1>>a;                     // Lee un número del archivo1
  arch2>>b;                     // Lee un número del archivo2

  while(!(arch1.eof()||arch2.eof()))
    compa();

  if(arch1.eof())
    graba(2,b);           // Lleva el registro leído sin grabar
```

```
  else
    graba(1,a);

  arch3.close();
}


void compa(void)                /* Función COMPA    */
{                               // Usa variables globales
  if(a < b)
  {
    arch3<<a<<'\n';             // Graba el leído en el archivo3
    arch1>>a;                   // Lee otro número del archivo1
  }
  else
  {
    arch3<<b<<'\n';             // Graba el leído en el archivo3
    arch2>>b;                   // Lee otro número del archivo2
  }

  return;
}
void graba(int narch,int x)           /* Función GRABA    */
{                                // Los archivos son GLOBALES
  if(narch==1)
  {
    while(!arch1.eof())
    {
      arch3<<x<<'\n';                 // Escribe en el de salida
      arch1>>x;                       // Lee otro numero del archivo
    }
  }
  else
  {
    while(!arch2.eof())
    {
      arch3<<x<<'\n';                // Escribe en el de salida
      arch2>>x;                      // Lee otro numero del archivo
    }
  }

  return;
}
```

PROBLEMA 3.8. Encontrar la mediana de una serie de valores.

```
#include <iostream.h>
#include <iomanip.h>

void inter(float*,float*);              // Se declara como global
                                       // se llama fuera del main
void main()
{
  void  orden(int,float []);            // Declaración de funciones
```

```
  int   n,ind;                          // Declaración de variables
  float val,med,a[1000];

  n = 0;
  cout<<"Termina con 0"<<endl;

  while(1)
  {
    cout<<"Valor:  ";
    cin>>val;

    if(val == 0)                        // Sale del ciclo
      break;

    a[++n] = val;                       // Almacena con origen 1
  }

  orden(n,a);                           // Llama a la función ORDEN

if((n % 2) > 0)                   // % es resto de división entera
  {
    ind = (n+1)/2;
    med = a[ind];
  }
  else
  {
    ind = n/2;
    med = (a[ind]+a[ind+1])/2;
  }

  cout<<endl<<"La mediana es: "<<med;

  return;
}


void orden(int n, float a[])            /* FUNCION ORDEN  */
{
  int  i,k,final;

  final = n;

  do
  {
    k = 0;

    for(i = 1 ; i <= final-1 ; ++i)
      if(a[i] > a[i+1])
      {                           // Llama a la función INTER
        inter(a+i,a+i+1);         // La dirección de a[i] es a+i, i
        k = i;                    // lugares después de la de a[0]
      }                           // que es la de a (la del vector)

    final = k;
  }
  while(k != 0);
```

```
  return;
}

void inter(float *el1, float *el2)        /* FUNCION INTER   */
{                                 // Pasa parámetros con punteros
  float aux;

  aux  = *el1;                    // Intercambia los valores de las
  *el1 = *el2;                    // variables también en la función
  *el2 = aux;                     // que llama
  return;
}
```

PROBLEMA 3.9. Dado un archivo de alumnos que contiene: Nro.de legajo, sexo codificado 1 (fem.),2 (masc.) y nota; clasificar por sexo y nota en tres grupos segun sea esta menor que 4, entre 4 y 7 o mayor que 7. Indicar cuantos hay por clase y los promedios por sexo.

```
#include <iostream.h>
#include <iomanip.h>
#include <fstream.h>      // Incluye las funciones para archivos
#include <string.h>       // Incluye las funciones de strings

void main()
{
  int   gnota(float);
  int   sexo,i,j,tots,cant[2][3]={{0,0,0},{0,0,0}};
  float nota,prom,snota[2]={0,0};
     // Se inicializan los vectores a 0 al definir las variables
  char  leg[9],sex[4],reng[81];
  fstream  arch1;

  arch1.open("prob309.dat",ios::in);    // Conecta archivo y abre

  while(1)
  {
    arch1>>leg>>sexo>>nota;

    if(arch1.eof())
      break;

    ++cant[sexo-1][gnota(nota)];     // Reduce en 1 código de sexo
    snota[sexo-1] += nota;           // índices 0-1 en vez de 1-2
  }

  cout<<endl<<"Sexo  Promedio    menor 4  4 a 7  7 o mas  Total";

  for(i = 0 ; i < 2 ; ++i)
  {
    if(i == 0)
      strcpy(sex,"fem ");
    else
```

```
      strcpy(sex,"masc");

    tots = cant[i][0]+cant[i][1]+cant[i][2];
    prom = snota[i]/tots;
    cout<<endl<<setw(4)<<sex<<setw(10)<<setprecision(2)<<prom
      <<setw(8)<<cant[i][0]<<setw(8)<<cant[i][1]
      <<setw(8)<<cant[i][2]<<setw(8)<<tots;
  }
  return;
}

int   gnota(float nota)          /* Función GNOTA  */
{
  if(nota < 4)                   // Codigos 0-1-2 en vez de 1-2-3
    return 0;
  else if(nota < 7)
    return 1;
  else
    return 2;
}
```

PROBLEMA 3.10. Leer N renglones de número, nombre, edad y construir una lista encadenada con punteros.

```
#include <iostream.h>
#include <iomanip.h>
#include <string.h>           // Incluye las funciones de strings

struct persona                // Se declara GLOBAL como prototipo
{
  char numero[4];             // Numero en 3 caracteres
  char nombre[11];            // Nombre en 10 caracteres
  int  edad;                  // Edad en numero entero
  struct persona *proximo;    // Puntero a la misma estructura
};

void main()
{
  int    i,n,eda;
  char   num[4],nom[11];
  struct persona *p,*primero;

  cout<<"Cantidad de renglones:  ";
  cin>>n;
  primero = NULL;

  for(i = 1 ; i <= n ; ++i)      // Construye la lista en memoria
  {
    p = new persona;                // Adjudica dirección en
    cout<<"Numero-Nombre-Edad: ";   // memoria a PERSONA.
    cin>>num>>nom>>eda;
    strcpy(p->numero,num);      // Pone las variables leídas en los
    strcpy(p->nombre,nom);      // campos de PERSONA en la dirección
    p->edad = eda;              // P de memoria
    p->proximo = primero;
```

```
    primero = p;
  }

  p = primero;

  while(p != NULL)            // Recorre la lista e imprime
  {
    cout<<endl<<setw(3)<<p->numero<<' '<<setw(10)<<p->nombre
        <<setw(5)<<p->edad;
    p = p->proximo;
  }

  return;
}
```

PROBLEMA 3.11. Leer un archivo con renglones de número, nombre, edad; construir una lista encadenada con punteros; recorrerla e imprimir los mayores de una edad dada.

```
#include <iostream.h>
#include <iomanip.h>
#include <fstream.h>      // Incluye las funciones para archivos
#include <string.h>          // Incluye las funciones de strings

void localiz(int);           // Declaración de función
struct persona               // Se declara GLOBAL como prototipo
{
  char numero[5];            // Número en 4 caracteres
  char nombre[11];           // Nombre en 10 caracteres
  int  edad;                 // Edad en numero entero
  struct persona *proximo;   // Puntero a la misma estructura
};
struct persona *q;           // Declarada global para acceder

void main()
{
  int    edmin,eda;
  char   num[5],nom[11];
  struct persona *p,*primero;
  fstream  entra;            // Declara ENTRA como archivo.
                             // Para facilitar la lectura en C++
                             // el nombre es un solo string
                             // sin blancos intermedios.

  entra.open("prob311.dat",ios::in);    // Conecta archivo y abre
  cout<<"Edad minima:  ";
  cin>>edmin;
  primero = NULL;

  while(1)                   // Lee y construye la lista en memoria
  {
    p = new persona;            // Adjudica dirección en memoria
                               // a PERSONA.
    entra>>num>>nom>>eda;      // Lee en el archivo
```

```
    if(entra.eof())              // Si llega al fin de archivo, sale
      break;

    strcpy(p->numero,num);     // Pone las variables leídas en los
    strcpy(p->nombre,nom);     // campos de PERSONA en la dirección
    p->edad = eda;             // P de memoria
    p->proximo = primero;
    primero = p;
  }

  q = primero;                 // Inicia en el comienzo de la lista

  while(q != NULL)              //  Recorre la lista e imprime
  {
    localiz(edmin);             // Se usa q como variable global

    if(q == NULL)               // Llega a fin de lista, sale
      break;

    cout<<endl<<setw(4)<<q->numero<<' '<<setw(10)<<q->nombre
        <<setw(5)<<q->edad;
    q = q->proximo;            // El siguiente es el nuevo comienzo
  }

  return;
}


void localiz(int edmin)       /* Función LOCALIZ
   Recorre la lista hasta encontrar EDAD > EDMIN o el final. Es
   argumento de llamada (dato para la función) EDMIN. El puntero
   Q sirve para arrancar la búsqueda y, modificado, devolver la
   dirección buscada o el fin de la lista.                    */
{

  while(q != NULL)
    if(q->edad > edmin)        // Si es el buscado, interrumpe
      break;
    else
      q = q->proximo;          // Si no, sigue la búsqueda

  return;
}
```

La presente edición de *Problemas Resuelt-os de C++* se terminó de imprimir en Editorial Universitas, en la ciudad de Córdoba. Argentina. en el mes de agosto del 2020.

Impreso en Argentina

Universitaria
CÓRDOBA

www.ingramcontent.com/pod-product-compliance
Ingram Content Group UK Ltd.
Pitfield, Milton Keynes, MK11 3LW, UK
UKHW061829190726
13853UKWH00009B/2517